KÖNIGS ERLÄUTERUNGEN SPEZIAL

Textanalyse und Interpretation zu

Cornelia Franz

INS NORDLICHT BLICKEN

Sabine Hasenbach

Alle erforderlichen Infos zur Analyse der Ganzschrift/Realschulabschluss Baden-Württemberg

Bange Verlag

Zitierte Ausgabe:
Franz, Cornelia: *Ins Nordlicht blicken*. München: Deutscher Taschenbuch Verlag, 2014.

Über die Autorin dieser Erläuterung:
Sabine Hasenbach hat Mineralogie (mit den Nebenfächern Mathematik, Physik und Chemie) an den Universitäten Köln und Bonn sowie Literaturwissenschaft (mit den Nebenfächern Psychologie und Soziologie) an der FernUniversität in Hagen studiert, wo sie mit einer Arbeit über Katherine Mansfield graduiert worden ist. Sie wohnt in Düsseldorf und arbeitet an der dortigen Heinrich-Heine-Universität. In ihrer Freizeit läuft sie Langstrecke.

1. Auflage 2015
ISBN 978-3-8044-3093-8
PDF: 978-3-8044-5093-6, EPUB: 978-3-8044-4093-7

Titelabbildung: © adrenalinapura/fotolia.com
Druck und Weiterverarbeitung: Tiskárna Akcent, Vimperk

1. DAS WICHTIGSTE AUF EINEN BLICK – SCHNELLÜBERSICHT

Damit sich jeder Leser in unserem Band rasch zurechtfindet und das für ihn Interessante gleich entdeckt, hier eine Übersicht.

Im 2. Kapitel beschreiben wir das **Leben von Cornelia Franz** und stellen den **zeitgeschichtlichen Hintergrund** dar:

⇨ S. 9
→ Cornelia Franz wurde **1956 in Hamburg geboren**, wo sie derzeit auch lebt.

⇨ S. 11
→ Der zeitgeschichtliche Hintergrund des Romans umfasst die ersten zwei Jahrzehnte des 21. Jahrhunderts und **thematisiert wird u. a. das Phänomen der globalen Erwärmung**. *Ins Nordlicht blicken* ist der **Jugendliteratur** zuzuordnen.

Im 3. Kapitel bieten wir eine **Textanalyse und -interpretation**:

Ins Nordlicht blicken – Entstehung und Quellen:

⇨ S. 17
→ Roman soll an einem unbekannten Ort (Grönland) spielen.
→ Junger Mensch soll seine Identität finden, wobei die Autorin biografische Details einfließen ließ.
→ 2011: Beginn des Schreibens. *Ins Nordlicht blicken* erschien 2012 (dtv, München) und war der neunte Jugendroman der Autorin.

Inhalt (chronologisch):

⇨ S. 20
Der Roman umfasst 48 Kapitel und handelt von der Selbstfindung des Protagonisten Pakkutaq Wildhausen. 2011 ist er 17 Jahre alt, lebt bei seinem alkoholkranken Vater Peter auf Grönland. Das Leben dort deprimiert ihn, und als sich die Gelegenheit bietet, lässt er

sich als blinder Passagier an Bord der MS Alaska schmuggeln, um nach Hamburg zu fliehen. An Bord entdeckt ihn der philippinische Schiffsjunge Jonathan Querido und droht, ihn zu verraten. Pakkutaq erschlägt den Gleichaltrigen in einem Kampf, wirft die Leiche über Bord und nimmt die Identität von Jonathan Querido an. In Hamburg wird er von Lloyd aufgelesen, der zu seinem Ersatzvater wird. Sein biologischer Vater Peter wird versehentlich von Lloyd getötet, der ihn dem Drogenmilieu zurechnet.

Im Sommer 2020 reist Pakkutaq, immer noch als Jonathan Querido, mit der MS Alaska nach Grönland. Er lernt Shary Enoksen kennen und macht sich in Grönland auf die Suche nach seinem Vater. Auf einem Friedhof stoßen sie auf ein Grab mit Pakkutaqs Namen und Pakkutaq realisiert, dass er für tot gehalten wird. Er will seinem Vater die Wahrheit sagen, findet ihn jedoch nicht. Von einem Bekannten erfährt Pakkutaq schließlich von der Ermordung seines Vaters in Hamburg. Pakkutaq und Shary, inzwischen ein Paar, kehren nach Hamburg zurück. Pakkutaq stellt sich der Polizei, wird zu einer Bewährungsstrafe verurteilt und heiratet Shary. Gemeinsam mit dem Sohn Minik besuchen Pakkutaq und Shary im Jahr 2025 erneut Grönland und ihre Freunde.

Chronologie und Schauplätze:

Schauplätze des anachronisch erzählten Romans sind verschiedene Städte in Grönland, an Bord der MS Alaska sowie die deutsche Stadt Hamburg. Die Handlung spielt im Jahr 2011 und in den Jahren 2020 und 2025.

Personen:

Pakkutaq Wildhausen ⇨ S. 61

→ flieht von Grönland, erschlägt einen Schiffsjungen und nimmt dessen Identität an

→ 2020 kehrt er nach Grönland zurück und ist auf der Suche nach sich selbst

➪ S. 66

Peter Wildhausen

→ Vater von Pakkutaq Wildhausen, Alkoholiker

→ wird von Lloyd getötet

➪ S. 68

Shary Enoksen

→ hilft Pakkutaq, sein Leben zu ordnen

→ spätere Ehefrau Pakkutaq Wildhausens

➪ S. 69

Aqqaluk

→ bester Freund Pakkutaq Wildhausens

→ hilft ihm bei der Flucht von Grönland

➪ S. 71

Lloyd

→ väterlicher Freund Pakkutaqs in Hamburg

→ tötet irrtümlich Peter Wildhausen

➪ S. 73

Auch **andere Romanfiguren** werden ausführlich dargestellt.

Stil und Sprache:

➪ S. 83

Die Sprache ist einfach gehalten. Neben einer individuell geprägten Figurensprache und überwiegend auktorialem Erzählverhalten finden sich auch zahlreiche Motive und ihre Wiederholungen.

Folgende Interpretationsansätze bieten sich an:

➪ S. 94

→ *Ins Nordlicht blicken* als Porträt Grönlands

➪ S. 98

→ *Ins Nordlicht blicken* als Entwicklungsroman

2. CORNELIA FRANZ: LEBEN UND WERK

2.1 Biografie

JAHR	ORT	EREIGNIS	ALTER
1956	Hamburg	Cornelia Franz wird geboren. Sie verliert ihre Mutter als Baby und wächst bei der Großmutter auf.	
1970er-Jahre	Hamburg	Franz beginnt ein Studium der Germanistik und Amerikanistik.	
1980er-Jahre	Hamburg	Cornelia Franz unternimmt zahlreiche Reisen und absolviert eine Ausbildung zur Verlagsbuchhändlerin. Sie arbeitet mehrere Jahre als Verlagslektorin für Reiseführer und Kunstbücher.	
1993	Hamburg	Cornelia Franz beginnt Jugendromane, Kinderbücher sowie Reiseführer (u.a. für Merian) zu schreiben. Gegen Ende der 1990er-Jahre folgen Bilderbücher.	37
1994		Veröffentlichung des Jugendromans *Nicht mit mir!*	38
1995		*Nichts leichter als Liebe* wird veröffentlicht.	39
1996		Veröffentlichung des Romans *Geheimnisse*. Cornelia Franz stellt ihren ersten Roman für Erwachsene vor: *Alte Geschichten und neue Liebhaber.*	40
1997		*Spur nach Chicago* wird veröffentlicht.	41
1998	Hamburg	Geburt von Sohn Lennart.	
2000	Hamburg	Veröffentlichung von *Verrat*. Geburt von Tochter Carolin.	44
2005		Veröffentlichung von *Sechs Tage, vier Nächte.*	49

Cornelia Franz (*1956)
© Christian Anhalt

JAHR	ORT	EREIGNIS	ALTER
2009		Veröffentlichung von *Spinner im Netz*.	53
2010		Veröffentlichung von *Spurensuche*.	54
2012	Grönland	Franz reist für 12 Tage nach Grönland. Im Oktober **Publikation von *Ins Nordlicht blicken*.**	56
2013		Mit den Autorinnen Sylvia Heinlein und Katja Reide gründet Franz das Autorenkollektiv Lia Norden. *Ins Nordlicht blicken* wird von der Deutschen Akademie für Kinder- und Jugendliteratur e. V. zum Klima-Tipp-Roman gewählt.	57
2015		Veröffentlichung von *Egal, was morgen ist* und *Poolparty*.	59

2.2 Zeitgeschichtlicher Hintergrund

ZUSAMMEN-FASSUNG

Die Handlung des Romans *Ins Nordlicht blicken* vollzieht sich auf dem zeitgeschichtlichen Hintergrund der globalen Erwärmung – ein Phänomen, das seinen Ursprung in der Industrialisierung hat.

Die globale Erwärmung und ihre Folgen

Als globale Erwärmung wird der weltweite Temperaturanstieg bezeichnet. Ursache der globalen Erwärmung ist der aus dem Gleichgewicht geratene **Treibhauseffekt**.

Treibhauseffekt als Ursache der globalen Erwärmung

Es gilt zwischen einem natürlichen und einem anthropogenen, d. h. durch den Menschen verursachten Treibhauseffekt zu unterscheiden. Der natürliche Treibhauseffekt ist die Klimaanlage der Erde. Ohne ihn läge die bodennahe Durchschnittstemperatur auf der Erde nicht bei +15 °C, sondern bei −18 °C. Er entsteht durch Spuren von Treibhausgasen, die sich in der Atmosphäre befinden.

Der durch den Menschen verursachte Treibhauseffekt entsteht durch die Zunahme der sogenannten Treibhausgase in der Atmosphäre. Ursachen dafür sind die **Verbrennung fossiler Brennstoffe** (Erdöl, Kohle, Erdgas) und die massive **Rodung von Wäldern** wie im Amazonasgebiet Brasiliens und vor allem auf Borneo.

Die Rolle der Treibhausgase

Das am häufigsten anthropogen freigesetzte Treibhausgas ist Kohlendioxid (CO_2). Freigesetzt wird es durch die Verbrennung o.g. Stoffe. Nach dem Verbrennungsprozess reichert es sich in der Atmosphäre an. In Kombination mit anderen klimarelevanten Treibhausgasen[1] führt dies zum sogenannten Treibhauseffekt: Die Treib-

1 Methan, vor allem durch Verdauungsprozesse von Wiederkäuern, Distickstoffoxid aus Düngemitteln, FCKW (Fluorchlorkohlenwasserstoffe, z.B. als Kühlmittel für Kühlschänke) und zusätzlicher Wasserdampf, z.B. aus hochfliegenden Flugzeugen.

hausgase wirken isolierend und lassen die Wärmestrahlung der Erde nicht mehr vollständig in den Weltraum zurück. Der Teil, der nicht in den Weltraum reflektiert wird, verbleibt auf der Erde und wird in Form von **Wärmeenergie** gespeichert. Die Temperatur steigt an.

Neben der Verbrennung fossiler Brennstoffe wird die Entwaldung der Erde als weitere Ursache für die Anreicherung der Atmosphäre mit CO_2 angesehen. In den Wäldern läuft der **fotochemische Prozess der Fotosynthese** ab, in dessen Verlauf die Bäume bzw. Pflanzen Sauerstoff (O_2) freisetzen und Kohlenstoff (C) einlagern. Je weniger Wald auf der Erde verbleibt, desto größer ist die CO_2-Konzentration in der Atmosphäre.

Der Temperaturanstieg auf der Erde ist folgenreich für die Ökologie und Ökonomie der Länder. U. a. wird mit einem **Anstieg des Meeresspiegels** zwischen 20 und 60 cm bis ins Jahr 2100 durch Abschmelzen von Gletschern und des grönländischen Eisschildes gerechnet.[2] Autorin Franz geht in ihrem Roman auf dieses Phänomen ein:

> „Die grüngraue Küste Grönlands schimmerte über dem Meer in der Sonne (...). Aus der felsigen Landschaft ragten schneebedeckte Berge in den Himmel; sie erinnerten daran, dass die Südhälfte der Insel früher auch im Sommer eisbedeckt gewesen war. Doch mittlerweile zog sich ab Juli das Eis weit von den Küsten zurück. Der eisige Panzer, der jahrtausendelang viel zu dick gewesen war, um zu schmelzen, hielt den ständig steigenden Temperaturen nicht mehr stand." (S. 35)

---

2 http://www.mediamundo.biz/res/downloads/Globale+Erwaermung.pdf

Eine weitere Folge ist die Versauerung der Ozeane mit schwerwiegenden **Auswirkungen auf das Ökosystem** Meer. Tierarten verschwinden und damit die Grundlage für von der Jagd lebende Völker. Auch darauf geht Franz ein:

Die Folgen der Erderwärmung

> „Selbst im hohen Norden der Insel gab es nur noch wenige Inuit, die der traditionellen Lebensweise der Jäger und Fischer nachgingen." (S. 35)

Deutsche Jugendliteratur um 2010

Zu den bekanntesten deutschen Jugendbüchern in diesem Zeitraum gehören

- → *Such dir was aus, aber beeil dich!* von Nadia Budde, erschienen 2010. Erzählt wird von einer DDR-Kindheit zwischen Land- und Stadtleben.
- → *Ins Nordlicht blicken* von Cornelia Franz, publiziert 2012.
- → Die *Reckless-Trilogie* von Cornelia Funke, publiziert 2010 (*Steinernes Fleisch*), 2012 (*Lebendige Schatten*) und 2015 (*Das goldene Garn*). Bei diesen Büchern handelt es sich um Fantasyliteratur in Anlehnung der Märchen der Gebrüder Grimm und den Märchentraditionen anderer Länder.

Ins Nordlicht blicken ist eines der wenigen Jugendbücher, die die akute Umweltproblematik in Form der globalen Erwärmung thematisieren.

2.3 Angaben und Erläuterungen zu wesentlichen Werken

ZUSAMMEN-FASSUNG

Cornelia Franz thematisiert in ihren Jugendromanen Selbstfindung und Übernahme von Verantwortung. Häufig erfolgt eine Einbettung in ein kriminelles Geschehen. Die jugendlichen Hauptfiguren leben in schwierigen familiären Verhältnissen.

Selbstfindung und Verantwortung

Verrat: Unrechtsbewusstsein als Handlungsmaßstab

Cornelia Franz setzt sich in ihren Jugendbüchern mit diesem Themenkomplex auseinander: die Selbstfindung der Hauptfigur verbunden mit einem Reifungsprozess und der Übernahme von Verantwortung. Häufig wird die Handlung in ein kriminelles Geschehen eingebettet, so in *Verrat* aus dem Jahr 2000. Der 17-jährige Protagonist Jan-Niklas verlässt überstürzt das von ihm als verlogen empfundene Elternhaus. Er lernt ein Mädchen namens Sonya-Evelina kennen und trampt mit ihr erst nach Frankfurt, dann nach Paris. Dort stoßen sie auf den Kleinkriminellen Jamal, bei dem sie hausen. Jan-Niklas und Sonya-Evelina leben zunächst von Diebstählen. Schließlich zeigt Jan-Niklas Jamal, der gestohlene Fahrräder nach Deutschland importieren will, bei der Polizei an, trennt sich von seiner Gefährtin und kehrt zu seinen Eltern zurück.

Sechs Tage, vier Nächte: Akzeptieren von Schuld

Der 2005 publizierte Jugendroman *Sechs Tage, vier Nächte* ist ähnlichen Inhalts. Der 19-jährige Micha hat einen Unfall seines jüngeren Bruders Joschi verursacht, der seitdem im Koma liegt. Die Schuldgefühle belasten ihn sehr. Bei einer Zugfahrt nach Delmenhorst lernt er Katharina kennen und verliebt sich in sie. Um seine persönliche Misere zu vergessen, bleibt er bei ihr. Nach einigen Tagen jedoch verlässt Micha die junge Frau und kehrt zu seiner Familie und Joschi zurück.

Spinner im Netz: Solidarität

Spinner im Netz von 2009 ist ebenfalls eine Geschichte von konfliktreichen familiären Verhältnissen und der Fähigkeit, in einer schwierigen Situation das Richtige zu tun. Der 14 Jahre alte Felix zieht mit seinem Vater zu dessen Freundin und deren 15 Jahre alten Tochter Franziska. Die Erwachsenen wollen eine Patchwork-Familie gründen, was schwierig ist, da sich Felix und Franziska nicht mögen. In einer Nacht beobachtet Felix, dass ein ihm fremder Mann in Franziskas Zimmer übernachtet. Er findet heraus, dass dieser Mann Franziskas Vater ist, der an einem Raubmord beteiligt war und seine Komplizen um das gestohlene Geld betrogen hat. Diese entführen Franziskas Vater, um Informationen über das Versteck des Geldes zu erzwingen. Felix und seine Patchwork-Schwester können den Mann befreien, der sich nach Australien absetzt. Felix seinerseits initiiert die Verhaftung der Komplizen.

Spurensuche: Identität und Adoption

In *Spurensuche* von 2010 ist mit Lilly ein Mädchen Hauptfigur des Romans. Lilly erfährt, dass sie von ihrer drogenabhängigen Mutter zur Adoption freigegeben worden war. Zunächst wird sie mit diesem Wissen nicht fertig und stellt ihr bisheriges Leben infrage, doch sie erhält Unterstützung durch ihren Bruder Sebastian. Außerdem lösen beide einen Entführungsfall.

2012 folgt mit *Ins Nordlicht blicken* ein Jugendroman, der neben prekären familiären Verhältnissen und Mord mit der globalen Erwärmung ein schwerwiegendes ökologisches Problem thematisiert.

Egal, was morgen ist: Flucht aus bedrückenden Verhältnissen

Im 2015 publizierten Jugendbuch *Egal, was morgen ist* trifft die in einem restriktiven Hamburger Elternhaus lebende, 15-jährige Jamila auf John. Dieser ist von ungewisser Herkunft und fragwürdigem Verhalten: er ist ein Schwarzfahrer, außerdem stiehlt er Jamilas Fahrrad. Trotzdem lässt sich Jamila auf John ein und zusammen

2000	2005	2009	2010	2012	2015
Verrat	*Sechs Tage, vier Nächte*	*Spinner im Netz*	*Spurensuche*	***Ins Nordlicht blicken***	*Egal, was morgen ist* *Poolparty*

Hauptfigur

- lebt in schwierigen familiären Verhältnissen
- ist in ein kriminelles Geschehen verstrickt
- erfährt einen Reifeprozess
- handelt verantwortungsbewusst

verbringen sie den Tag. Schließlich ist es so spät geworden, dass Jamila der Mut fehlt, nach Hause zurückzukehren. Zusammen mit John, der Bahnkarten gestohlen hat, fährt sie nach Sylt, wo sie ein Paar werden. Schließlich werden sie von der Polizei aufgegriffen. Danach erfährt Jamila die bedrückende Geschichte von Johns Herkunft.

Poolparty: Wunschdenken und soziale Wirklichkeit

In *Poolparty*, ebenfalls aus dem Jahr 2015, will der 17-jährige, aus einfachen Verhältnissen stammende Cap das Leben der jungen Leute der Hamburger Upperclass führen. Mit einem Trick mischt er sich unter die Teilnehmer einer Party an der Elbchaussee, wo er mit der jungen Lara flirtet. Sie hält ihn für ihresgleichen und er lässt sie in dem Glauben. Von diesem Augenblick an führt er ein Leben in einer ihm fremden Welt, so wird er z. B. mit Drogenmissbrauch konfrontiert.

3. TEXTANALYSE UND -INTERPRETATION

3.1 Entstehung und Quellen

ZUSAMMENFASSUNG

Zu *Ins Nordlicht blicken* wurde Cornelia Franz inspiriert durch den Wunsch, einen Roman in einem unbekannten Land – Grönland kannte sie vorher nicht – zu verorten und die Idee, einen jungen Menschen seine Identität finden zu lassen. Ins Buch fließen auch autobiografische Aspekte ein.

→ 2011: Cornelia Franz beginnt mit der Arbeit an dem Roman.
→ 2012: Erstveröffentlichung des Romans beim Münchner Deutschen Taschenbuch Verlag.
→ 2014 wurde der Roman neu aufgelegt.

Interesse für das Unbekannte

In einem Interview erläutert Cornelia Franz, dass es ihr ein Bedürfnis war, bei der Arbeit an diesem Roman Bekanntes hinter sich zu lassen zugunsten einer **fremden, unbekannten Welt**, so sagte sie. „Im Vordergrund stand mein Wunsch, eine für mich fremde Umgebung als Hintergrund für meinen Roman zu nehmen, um mich aus dem Alltag heraus zu beamen.“[3]

Globale Erwärmung

Grönland als Schauplatz des Romans wählte Franz wegen ihres Interesses an diesem Land und auch deshalb, weil es ein geeigneter Ort zur Darstellung der **Folgen der Erderwärmung** ist, die sich bereits jetzt abzeichnen und zu klimatischen als auch gesellschaftlichen Änderungen führen werden.[4] Außerdem sieht sie eine

3 http://www.dtv-dasjungebuch.de/interview_cornelia_franz_ins_nordlicht_blicken_1472.html
4 Siehe dazu Kapitel 5., Grönland.

Parallele zur Entwicklung einer geografischen Region und der eines jungen Menschen:

Faszination für Grönland

> „Es ist nicht nur ein faszinierendes Land, sondern auch ein Land, das um seine Identität ringt und das einen gewaltigen Wandel erleben wird – und für mich eine Metapher für die Kälte und Einsamkeit, die ein junger Mensch oft empfindet. Grönland erinnert mich an einen Jugendlichen, der sich von Vergangenem, von Autoritäten und Prägungen, befreien möchte, um seinen eigenen Weg zu finden."[5]

Ihre Informationen über Grönland bezog die Autorin aus dem Internet und durch das Anschauen entsprechender Filme. Kurz vor Abschluss des Romans reiste sie für 12 Tage persönlich nach Grönland. Die bei dieser Reise gesammelten Eindrücke und Erfahrungen ließ sie in das Buch einfließen, das dadurch eine realistische Prägung bekam.

Autobiografische Details

In die **fiktive Geschichte um Pakkutaq Wildhausen** baut Franz Biografisches ein, so den eigenen frühen Verlust der Mutter, das Aufwachsen bei der Großmutter sowie den Aspekt der Selbstfindung. Selbst die Vorliebe ihres Mannes für Online-Backgammon unter einem fiktiven Namen findet im Buch Verwendung.[6] In einem weiteren, bei den 7. Lübecker Jugendbuchtagen 2013 gegebenen Interview äußerte sich Cornelia Franz wie folgt:

> „Pakkutaq [die Hauptfigur des Buches] hat sehr viel von mir. Er erzählt eine Geschichte und die Entfremdung, die er empfindet,

---

5 http://www.dtv-dasjungebuch.de/interview_cornelia_franz_ins_nordlicht_blicken_1472.html

6 http://www.dtv-dasjungebuch.de/special/specials/ins_nordlicht_blicken/hintergrund/cornelia_franz_ueber_ins_nordlicht_blicken/1472/

> dieses Gefühl, dass er keine Nähe zu seinem Vater aufbauen kann, dieses Gefühl weg zu wollen – das alles sind Sachen, die ich als Jugendliche in dem Alter auch so empfunden habe, auch wenn mein Leben natürlich ein völlig anderes Leben war. Aber ich bin auch bei meiner Großmutter aufgewachsen, genau wie Pakku. Meine Mutter ist gestorben, als ich noch ein Baby war, da gibt es also durchaus Parallelen. Und von daher war mir die Figur des Pakkus sehr nah. Die anderen Figuren haben sich dann aus der Konstellation der Geschichte heraus ergeben.“[7]

Publikation 2012

Im Oktober 2012 erscheint der Roman *Ins Nordlicht blicken* dann beim Münchner Deutschen Taschenbuch Verlag (dtv). Im Januar 2013 wird er als „Klima-Buchtipp des Monats“ von der Deutschen Akademie für Kinder- und Jugendliteratur e. V. ausgewählt. 2014 wurde der Roman neu aufgelegt.

---

7 www.die-blaue-seite.de/2013/08/16/interview-mit-cornelia-franz

3.2 Inhaltsangabe

ZUSAMMEN-FASSUNG

2011 lebt der 17-jährige Pakkutaq Wildhausen bei seinem alkoholkranken Vater in Nuuk, der Hauptstadt Grönlands. Er ist Halbwaise und in Dannenberg (Deutschland) von seiner dort lebenden Großmutter aufgezogen worden. Nach deren Tod veranlassten Verwandte seine Übersiedlung nach Grönland zu seinem Vater Peter Wildhausen. Pakkus Mutter, Evie Kristiansen, eine Inuk, starb kurz nach Pakkutaqs Geburt durch Drogen. Pakkutaq arbeitet als Krabbenpuler für Sven Kristiansen und ist von seinem Leben in Grönland angeödet. Zerstreuung und Ablenkung sucht er beim Online-Backgammon mit einem gewissen in Hamburg lebenden „Spider". Mit diesem verabredet er sich in einem Hamburger Café. Zusammen mit seinem Freund Aqqaluk und der hinzukommenden Maalia organisiert Pakku seine Flucht und reist als „blinder Passagier" auf der MS Alaska nach Hamburg. An Bord wird Pakkutaq von dem philippinischen Schiffsjungen Jonathan Querido entdeckt. Pakku erschlägt Querido, beseitigt dessen Leiche mit seinen eigenen Habseligkeiten und seiner Kleidung im Meer und schlüpft in die Identität von Jonathan Querido. Mittellos sucht er das Café auf, in dem er sich mit Spider verabredet hatte, und trifft dort auf Lloyd, den er für Spider hält. Lloyd nimmt Jonathan Querido bei sich auf und es entwickelt sich eine Vater-Sohn-Beziehung. Über sein bisheriges Leben schweigt sich Pakkutaq Wildhausen, alias Jonathan, aus.
Ein von Lloyd beauftragter Detektiv findet heraus, dass der Filipino Jonathan Querido in Drogengeschäfte verwickelt war. Fälschlicherweise hält Lloyd Peter Wildhausen, der inzwi-

schen in Hamburg nach seinem Sohn Pakku sucht, für das Mitglied des Drogenkartells und tötet diesen im Stadtpark. Am selben Tag bringt Lloyd den Jungen, der davon nichts ahnt, in ein Ausbildungsinternat für Steinmetze und verschwindet aus dessen Leben.

Im Sommer 2020 reist Pakkutaq Wildhausen – immer noch unter dem Namen Jonathan Querido – als Passagier der MS Alaska nach Grönland. An Bord lernt er Shary Enoksen kennen. In Nuuk verlassen beide das Schiff und Pakku findet auf dem Friedhof das Grab des philippinischen Schiffsjungen mit seinem eigenen Namen, was ihn schockiert. Pakkutaq trifft auf Aqqaluks Bruder Anga und reist zusammen mit Shary in den Süden Grönlands, auf der Suche nach seinem Vater. In Nanortalik trifft Pakkutaq auf seinen alten Freund Aqqaluk, der ihm von der Erpressung des Küchenchefs Grönemeyer erzählt. Im Gegenzug gesteht Pakkutaq die Ermordung des Schiffsjungen Querido. Von Gunnar Kleist erfährt Pakkutaq schließlich, dass sein Vater in Hamburg ermordet wurde, und verdächtigt folgerichtig Lloyd als Täter. Zurück in Nuuk schließt Pakkutaq Frieden mit Grönland und seiner Vergangenheit. Auf dem Friedhof entfernt er den Namen „Pakkutaq Wildhausen" vom Grabstein und versieht ihn mit dem Namen Jonathan Queridos. Auf der Rückreise nach Hamburg gesteht er Shary seine wahre Identität und stellt sich in Hamburg der Polizei, was ihm einen Prozess und eine Bewährungsstrafe einbringt. Im Sommer 2025 besucht Pakkutaq Wildhausen, inzwischen mit Shary verheiratet und Vater einen Sohns, erneut mit seiner Familie auf der MS Alaska das grüne Grönland.

MS Alaska, Nordatlantik, Sommer 2020

Panikattacken an Bord der MS Alaska

Jonathan Querido[8] reist als Passagier des Schiffes MS Alaska von Hamburg nach Grönland. Er ist seit drei Tagen an Bord und wird regelmäßig von Panikanfällen heimgesucht. Um 3.30 Uhr verlässt er seine Kabine, geht an Deck und versucht in einem Liegestuhl sitzend, seine Angst zu kontrollieren. Er identifiziert diese Angst als Furcht vor Entdeckung. Jonathan wird von einer jungen Frau auf Grönländisch angesprochen. Zunächst versucht er, sie zu ignorieren, doch dann sucht er das Gespräch mit ihr, wobei er an seine ehemalige Freundin Maalia denken muss. Ein Gespräch kommt nicht zustande, aber Jonathan stellt sich vor, mit der Frau die Redesituation „für den Ernstfall“ (S. 11) zu üben.

Nuuk, Grönland, Frühjahr 2011

Pakkus Vater ist Alkoholiker und möchte Bienen auf Grönland züchten

In Nuuk tobt ein Schneesturm. Pakku rettete sich vor dem Wetter in das Café Crazy Daisy, wo er seinen Freund Aqqaluk erwartet, der nicht auftaucht. Ein Bekannter namens Ingvar nervt Pakku und dieser verlässt das Café und geht nach Hause, wo er mit einem gewissen „Spider“ via PC Backgammon spielt. Pakku macht Fehler, denn er ist abgelenkt von dem Brüllen seines alkoholkranken Vaters, der – wie in jedem Frühjahr – einen kalten Entzug versucht. Pakku weiß von der Aussichtslosigkeit dieser Maßnahme und denkt an die bizarren Ideen seines Vaters. So soll Pakku in Grönland eine Imkerei betreiben. Diese Idee kam seinem Vater, der sich plötzlich an den Honig seiner Mutter in Dannenberg erinnerte, im vergangenen Frühjahr während einer gemeinsamen Wanderung. Am gleichen Abend fiel Pakkus Vater ein Flugblatt vom Verein *Bienen auf Grönland* in die

---

8 In der Inhaltsangabe wurde jeweils der Name verwendet, den auch die Autorin benutzte, und das ist häufig „Jonathan“.

Hände und ignorierte dadurch bestärkt alle Einwände seines Freundes Mikael Aariak. Pakku ließ sich widerwillig auf die Idee ein, wohl wissend, dass Widerstand sinnlos ist und die Begeisterungsstürme seines Vaters meist in kürzester Zeit im Alkohol ertränkt werden. Tatsächlich zimmerte Pakkus Vater Bienenkästen, die jetzt halb fertig hinter dem Haus in Regen und Schnee verwittern.

Tristes Leben im Naturidyll Grönland

Pakku kann das Husten und Fluchen seines Vaters nicht mehr ertragen und geht zum Hafen. Er imaginiert ein Leben in einer großen, modernen Stadt. Am Hafen angekommen sieht er ein Schiff voller Touristen, welche begeistert den vielfarbigen Sonnenuntergang bestaunen. Angesichts dieses Naturphänomens kann Pakku nachvollziehen, warum sein Vater in Grönland geblieben war. Dem Sonnenuntergang zuschauend wird Pakku von Aqqaluk angesprochen, der ihn fragt, ob er mit zu Ingvar gehen würde. Pakku lehnt ab, weil er keine Lust hat auf Pornos und Alkohol, und kehrt nach Hause zurück, wo er mit Spider sein Spiel fortsetzen möchte.

MS Alaska, Nordatlantik, Sommer 2020

Shary sucht Jonathans Nähe

Beim Frühstück sieht Jonathan die Frau wieder. Sie setzt sich an seinen Tisch und beginnt ein Gespräch. Sie fragt Jonathan nach seinen Namen und stellt sich selbst als Shary vor. Jonathan erwähnt, dass ein Kuba zerstörender Hurrikan ebenfalls Shary heißt und dass Namen für ihn bedeutungslos sind. Shary fragt ihn, wo er gewesen war, als New York unterging. Jonathan rekapituliert das Geschehen der Naturkatastrophe (S. 22): Am 26. September 2019 traf der Hurrikan Laura auf die Ostküste der USA und ließ Manhattan versinken, nachdem kurz vorher schon Taifune Millionenstädte in Südostasien zerstört hatten.

2019: Manhattan und die Ostküste sind unbewohnbar

Der Leser erfährt, dass Jonathan als Bildhauer arbeitet und dass er mit dem Geld eines Skulpturen-Wettbewerbs ein Ticket auf der MS Alaska nach New York kaufte, ehe diese Reise aufgrund der

Naturkatastrophe auf Grönland umgebucht wurde. Jonathan erzählt Shary, dass er zu jener Zeit in einem Workshop für Bildhauer in Berlin gewesen war. Sie erwidert, dass sie bei ihrer Schwester in Kopenhagen gewesen sei. Sie stellt sich mit ihrem vollen Namen „Shary Enoksen" vor, Jonathan als „Jonathan Querido". Sie hält seinen Nachnamen für einen spanischen Namen, doch Jonathan klärt sie darüber auf, dass der Name philippinischer Provenienz ist und „Der Geliebte" bedeutet (S. 24). Sie ist irritiert, da sie dachte, er sei Grönländer. Jonathan weicht aus, während Shary beginnt, offen mit ihm zu flirten. Jonathan wendet sich abrupt ab und verabschiedet sich von ihr unter einem Vorwand.

Nuuk, Grönland, Frühjahr 2011

Schlechter Schulabschluss Pakkus

Pakku kehrt nach Hause zurück und nimmt schlecht gelaunt das Spiel mit Spider wieder auf. Im Haus ist Ruhe eingekehrt, denn sein Vater hat den Entzug aufgegeben und ist in eine Kneipe gegangen. Pakku nimmt seinen Vater als Verlierer wahr und möchte nicht so werden wie er (S. 27). Er rekapituliert seinen schlechten Schulabschluss und lässt den Leser wissen, dass er erst mit neun Jahren Grönländisch und Dänisch gelernt hat. Unterstützt wurde er in dieser Zeit von Aqqaluk. Pakku fragt sich, ob er in einer deutschen Schule weniger Probleme gehabt hätte, verneint dies aber mit der Begründung, dass sein Vater keinen Verstand habe und er den seiner Mutter nicht beurteilen könne. Er nimmt sich vor, nicht der erste Imker Grönlands zu werden. Während seines Nachdenkens spielt er immer noch mit Spider Backgammon. Dieser versucht vergeblich, Pakku Privates zu entlocken. Pakku seinerseits überlegt, welche Person hinter dem Namen Spider stecken könnte.

Klimawandel in Grönland: Das Eis schmilzt

Als sein Vater zurückkommt, fährt Pakku seinen PC schnell runter. Pakkus Vater ist angetrunken und sucht das Gespräch mit seinem Sohn. Er erzählt, dass Peer gesagt habe, dass es in 10 Jahren des Klimawandels wegen im Sommer kein Eis mehr geben werde. Einen Witz seines Sohnes ignorierend kommt er wieder auf die Imkerei zurück. Er schwärmt vom guten Honig seiner Mutter und lässt in Pakku die gleichen Kindheitserinnerungen aufsteigen: Er kommt sich als Erinnerungs-Klon seines Vaters vor; nur sein Aussehen ist das reine Gegenteil (S. 30). Als Pakku neun Jahre alt war, starb seine Großmutter, weshalb er von den Verwandten zu seinem unbekannten Vater – von dem er nicht wusste, wie er ihn ansprechen soll – nach Grönland geschickt wurde.

Pakku sieht für sich keine Perspektive

Der Vater schwadroniert immer noch über Bienen und Honig, doch Pakku schiebt ihn aus dem Zimmer und geht zu Bett. Obwohl er deprimiert ist, amüsiert er sich über die Art, wie sein Vater den Klimawandel für sich zu nutzen gedenkt. Der Optimismus seines Vaters lässt Pakku an Angaju denken, den Bruder Aqqaluks. Angaju hatte mit Pakku vor wenigen Tagen über die Prophezeiung der Kalaallit gesprochen, nach der bei der Eisschmelze das Heilige Feuer zurückkehren und mit ihm ein neues Wissen in die Welt kommen werde. Pakku räsoniert, dass er die Mythen der Inuit mag. Er findet Angajus Erzählungen weniger verrückt als die Ideen seines Vaters. Pakku denkt voll Unbehagen an seine Zukunft, von der er keinen Plan hat.

MS Alaska, Südwestküste Grönlands, Sommer 2020

Grönland hat sich durch die Erderwärmung verändert

Die MS Alaska läuft Grönland an. Die Folgen der globalen Erwärmung sind deutlich sichtbar: das Eis hat sich zurückgezogen, die Inuit haben größtenteils das Jagen und Fischen eingestellt. Durch das Abschmelzen des Eises können Erdschätze gefördert werden, was einige Grönländer wohlhabend gemacht hat.

Jonathan will in Nuuk von Bord

Jonathan Querido steht an der Reling des Schiffes und will die Kreuzfahrt in Nuuk unterbrechen und von Bord gehen. Plötzlich überkommt ihn wieder Panik und er überlegt, ob er nicht doch auf dem Schiff bleiben sollte. Unerwartet steht Shary Enoksen neben ihm. Jonathan zieht eine Affäre mit ihr in Erwägung, anstatt die geänderte Reiseroute als Wink des Schicksals zu interpretieren und in Nuuk von Bord zu gehen. Im Jahr zuvor war ihm ein Prospekt der MS Alaska in die Hände gefallen und er hatte gelesen, dass eine Schiffsreise mit ihr nach New York 5.000 € kosten würde. Durch den Untergang New Yorks war die Reiseroute geändert worden und führte nun nach Grönland. Jonathan hält das für keinen Zufall: „Vielleicht war es endlich Zeit für Jonathan Querido zu sterben.“ (S. 38) Auf Sharys Frage, ob er schon einmal in Grönland gewesen sei, lügt Jonathan und verneint.

Nuuk, Grönland, Frühjahr 2011

Pakku jobbt als Krabbenpuler

Pakku steht unter Mühen früh auf, um diesmal pünktlich an seinem Arbeitsplatz zu sein. Zusammen mit Aqqaluk pult er für Sven Kristiansen, der in krumme Geschäfte verwickelt ist, Krabben. Pakku ist angeödet davon, doch er kann sich glücklich schätzen, dass er überhaupt eine Arbeit hat. Die Arbeitsbedingungen sind unmöglich, es ist kalt, es stinkt und die Leute trinken. Dort arbeitet auch Maalia, die als Einzige nicht trinkt. Pakku und sie lächeln sich an und Pakku stellt fest, dass sie ihm gefällt. Pakku selbst trinkt auch Bier und kommt sich dabei wie ein Heuchler vor.

MS Alaska, Südwestküste Grönlands, Sommer 2020

Shary soll Geburtsland sehen, bevor das Eis abschmilzt

Jonathan steht mit seinem Gepäck in der Nähe der Rezeption, als Shary Enoksen auf ihn zukommt. Sie hat Trekkingkleidung angelegt, da sie an einer Wanderung um die Westküste Grönlands herum teilnehmen möchte, und freut sich, weil anscheinend auch Jonathan zur Wandergruppe gehören wird. Jonathan erklärt ihr stattdessen, dass er in Nuuk bleiben und Verwandte besuchen möchte. Als die junge Frau ihn fragt, ob er Grönländer sei, zuckt er nur mit den Schultern.

Enoksen erzählt, dass sie Grönländerin ist, aber ihre Kindheit in Kopenhagen verbracht hat, wohin sie mit ihren Eltern als Vierjährige gezogen war. Ihre Eltern hatten ihr die Reise mit der MS Alaska zum 25. Geburtstag geschenkt, damit sie das Eis sehen kann, bevor es vollkommen geschmolzen ist. Sie beobachten gemeinsam an Deck die Einfahrt der MS Alaska in den Hafen von Nuuk. Als Jonathan Nuuk erblickt, sieht er die Veränderungen der Stadt – allerdings traut er seinem Erinnerungsvermögen nicht ganz. Ungeduldig erwartet er das Anlegen des Schiffes. Enoksen fragt, ob er von den Verwandten abgeholt werde. Als Jonathan bitter verneint, legt sie ihm tröstend einen Arm um die Schulter.

Nuuk, Grönland, Frühjahr 2011

Pakku musste früh Verantwortung für seinen Vater übernehmen

Spider versucht, Privates aus Pakku herauszubekommen, u. a. fragt er ihn nach seinem Beruf. Pakku weiß nicht, was er schreiben soll, und übergeht die Frage. Er geht in die Küche, um Essen zu holen. Dort trifft er seinen angetrunkenen Vater, der ihm eröffnet, dass er ein Bienenvolk mit Zubehör aus Dänemark importieren möchte – was sehr viel Geld kosten würde. Sein Vater öffnet eine geklaute Wodkaflasche und in Pakku steigen unangenehme Kindheitserinnerungen auf. Pakku lässt seinen Vater in der Küche sitzen und geht in sein Zimmer, um das Spiel mit Spider fortzusetzen. Gegen seinen Willen gibt Pakku via Chat etwas Privates preis. Das macht ihn ungehalten und er beendet abrupt das Spiel und verlässt die Wohnung (S. 53).

Inuit wurden zwangsumgesiedelt

Durch das kalte und matschige Nuuk stapfend, denkt Pakku an das Klima seiner Kindheit in Deutschland und daran, dass er damals im Frühling und Sommer in kurzen Hosen herumlaufen konnte. Er schlägt den Weg zu den Wohnblocks ein, wo Aqqaluk und Anga mit ihrer Familie, außerdem noch Maalia und andere Bekannte leben. Die Wohnblocks wirken sehr abweisend und Pakku erinnert sich daran, dass Anga sich dort wie eingemauert fühlt und dass er lieber wie seine Vorfahren als Robbenjäger leben würde. Die Erzählung von Aqqaluks Vater über die Umsiedlung der Inuit fällt Pakku ein.

Pakku läuft vor Maalia und Grönland davon

Plötzlich spricht Maalia ihn an und macht ihm eindeutige Avancen: Sie fragt, ob er wisse, dass bei Nordlicht gezeugte Kinder besonders intelligent seien. Nach einem kurzen Wortwechsel zieht sie ihn zu einem Bootshaus, wo Pakku weiter das Nordlicht beobachtet, während Maalias Hände auf seinem Körper wandern. Plötzlich weiß er, dass er niemals von hier wegkommt, wenn er Maalia gewähren lässt, stößt sie von sich und rennt davon.

Nuuk, Grönland, Sommer 2020

Jonathan trifft ein verändertes Nuuk an

Jonathan steht am Fenster seines Hotelzimmers und schaut in die Nacht. Er imaginiert das Nuuk seiner Kindheit und versucht sich zu orientieren, doch es gelingt ihm nicht. Die Wohnblocks wurden abgerissen, die dort lebenden Menschen wohnen nun in einer Siedlung im Osten Nuuks. Erinnerungen, Bilder und Wortfetzen branden durch ihn und machen ihn schwindelig. Es wird ihm bewusst, dass er sich nicht von Shary Enoksen verabschiedet hat, und er hofft auf ein Wiedersehen mit ihr auf der Rückreise.

Nuuk, Grönland, Frühjahr 2011

Pakku nimmt sich vor, sein Leben in die Hand zu nehmen

Pakkus Vater hält am Imkerprojekt fest und tatsächlich googelt Pakku Imkerzubehör, um zu dem Schluss zu kommen, dass ihn die Imkerei nicht interessiert. Er fragt sich, wer oder was überhaupt mit ihm zu tun hat, und fühlt sich im Gegensatz zu seinen Bekannten hier in Grönland heimatlos. Er erinnert sich, dass seine Großmutter wollte, dass er seine Wurzeln und seinen Vater nicht vergisst. Bald war sie gestorben und Pakku landete in Grönland bei seinem Vater. Zurück in der Gegenwart sieht Pakku, dass Spider online ist, und ist froh darüber. Gleichzeitig realisiert er, dass er seinem Leben eine Richtung geben muss (S. 65).

Nuuk, Grönland, Sommer 2020

Jonathan verläuft sich und trifft Shary wieder

Jonathan erwacht nach einer erholsamen Nacht und fühlt sich „wie befreit" (S. 66). Er plant, zum Haus seines Vaters zu gehen. Schnell steht er ohne Stadtplan orientierungslos vor einem Café, verwirrt von den vielen Geschäften und den Menschen, von denen die wenigsten Inuit sind. Ihn verlässt der Mut und er betritt das Café, wo er einen Kaffee und Kekse bekommt. Der Schwindel lässt nicht nach und zum wiederholten Mal bereut Jonathan, nach Grönland gereist zu sein, und wünscht sich, in seiner Werkstatt an einer Skulptur arbeiten zu können. Als er aus dem Fenster schaut, sieht er auf der Bank einer Bushaltestelle eine missmutige Shary Enoksen sitzen. Erfreut verlässt er das Café und geht zu ihr.

Nuuk, Grönland, Frühjahr 2011

Der „Bienenkönig" Pakku ist abgrundtief einsam

Pakku spielt mit Spider Backgammon. Als er von Aqqaluk via Handy gefragt wird, ob er mit ihm zusammen bei Ingvar Poker spielt würde, lehnt er ab. Aqqaluk sagt ihm daraufhin, dass man mit ihm nichts mehr anfangen könne, und Pakku denkt an die gemeinsamen Aktivitäten im vergangenen Jahr. Pakku holt sich ein neues Bier und kehrt zum PC und Spider zurück und überlegt, was für ein Typ Spider sein könnte. Er denkt an seine Ankunft in Grönland. Spider ruft Pakku in die Gegenwart zurück. Pakku, der sich als „Bienenkönig" eingeloggt hatte, sieht sich als etwas, das es nicht gibt und das nicht vorgesehen war. Erinnerungen kommen in ihm hoch: Gefühle von Verlassenheit und Einsamkeit; Einsamkeit bei seinem alkoholkranken Vater; Einsamkeit in der Schule, wo er die Sprache nicht verstand; Erinnerungen an Dannenberg und seine Großmutter, an Aqqaluk. Davon abgelenkt besiegt ihn Spider abermals.

Nuuk, Grönland, Sommer 2020

Jonathan und Shary landen auf dem Friedhof

Jonathan geht zu Shary und spricht sie an. Shary ist in der Dusche ausgerutscht, hat ihren Fuß verletzt und musste daher zum Arzt, der ein verstauchtes Sprunggelenk diagnostizierte. Die Wanderung kann sie nicht mitmachen und will nun eine ihr empfohlene Pension aufsuchen. Jonathan bietet ihr an, sie zu begleiten. Ohne sich dessen bewusst zu sein, ignoriert Jonathan die Straße, die zu der empfohlenen Pension führt, und schlägt den Weg zum Friedhof ein. Dort angekommen genießen sie die beeindruckende Aussicht auf das Meer. Jonathan setzt sich Sharys Surroundmütze auf und hört das Lied *Don't you leave me alone,* das ihm nicht gefällt, und nimmt die Mütze wieder ab.

Nuuk, Grönland, Frühjahr 2011

Pakkus Vater hat seinem Geschäftsfreund Gunnar finanzielle Verluste beschert

Pakku sitzt mit Aqqaluk bei Ingvar auf dem Sofa und sieht sich Bilder eines Hubschrauberausflugs an. Verbittert erinnert er sich an das gescheiterte Projekt seines Vaters mit Gunnar Kleist und das geplatzte Versprechen eines Fluges für Pakku zum Inlandeis. Ingvar erwartet Bewunderung, doch Aqqaluk wirft ein, dass er den Schlitten anstelle des Hubschraubers bevorzugt. Pakku muss an eine aufregende Schlittentour denken, die er als 13-Jähriger zusammen mit Aqqaluk und dessen Onkel Ajako unternommen hatte. In einem Dorf, in dem weitere Verwandte Aqqaluks lebten, übernachteten sie und Pakku hörte die Gespräche der Erwachsenen, die sich über erschwerte Jagdbedingungen unterhielten.

Pakku ist neidisch auf Ingvar

Ingvar versucht weiterhin ohne Erfolg Aqqaluk zu provozieren. Pakku ist genervt von Ingvar, steht brüsk auf und lockt Aqqaluk unter dem Vorwand zu Angaju zu gehen nach draußen. Nach kurzer Zeit kehren beide Jungen schließlich in Ermangelung einer Alternative zurück zu Ingvar, wo sie sich einen Horrorfilm anschauen. Als Pakku gegen Mitternacht nach Hause kommt, schaut er ohne Erfolg, ob Spider online ist.

Nuuk, Grönland, Sommer 2020

Jonathan entdeckt Pakkutaqs Grab

Jonathan Querido geht über den Friedhof und stößt auf ein Grab: Pakkutaq Wildhausen * 1994 † 2011. Er ringt um Fassung. Shary fragt, ob er ein Freund gewesen war. Jonathan bejaht und erzählt, dass er ertrunken sei. Schließlich eröffnet Jonathan ihr, dass er selbst in Nuuk gelebt hat, aber dort unglücklich gewesen war. Jonathan erzählt, dass er und der tote Junge die Welt sehen wollten und dass er es im Gegensatz zu dem Toten geschafft habe. Als Jonathan und Shary den Friedhof verlassen, nimmt Shary seine Hand und bemitleidet „Pakkutaq", was weitere Schuldgefühle in Jonathan auslöst: weil er seinen Vater in dem Glauben gelassen hatte, dass er tot sei. „Er musste wieder zu Pakkutaq Wildhausen werden, er musste seinem Vater die Wahrheit sagen." (S. 89)

Nuuk, Grönland, Frühjahr 2011

Pakkutaq versetzt Maalia

Maalia hat sich mit Pakkutaq am Bootsschuppen verabredet, doch er zieht es vor, sich mit einer Flasche Bier an den PC zu setzen und mit Spider zu chatten. Er sagt Maalia nicht einmal ab. Allerdings bereut er schnell, sie versetzt zu haben, und versucht von Aqqaluk, ihre Handynummer zu bekommen. Dieser lacht über den Umgang Pakkutaqs mit Maalia und versichert ihm, dass sie ihm schon nicht weglaufe. Deprimiert kommt Pakkutaq zu dem Schluss, dass man Grönland nur via Flugzeug verlassen könne.

Nuuk, Grönland, Sommer 2020

Pakku hat Angst, in Nuuk erkannt zu werden

Pakkutaq bringt Shary zu ihrer Pension, anschließend bummeln sie durch Nuuk, wobei Pakkutaq Angst hat, erkannt zu werden. Er holt sich unerkannt bei Oles Bude ein Bier. Später, auf einer

Bank sitzend, fühlt er sich erschöpft. Er sagt Shary, dass er seinen Vater besuchen möchte, und fragt sie, ob sie mitkommt. Sie willigt ein.

Nuuk, Grönland, Frühjahr 2011

Pakku will sich bei Maalia entschuldigen

Pakku möchte sich bei Maalia, die nicht böse scheint, entschuldigen, doch es ergibt sich keine Gelegenheit. Am Ende des Arbeitstages kommt Sven Kristiansen auf ihn zu und bittet ihn, einige Kilo Krabben zu der im Hafen ankernden MS Alaska zu bringen. Zunächst sträubt sich Pakku, weil er mit Maalia reden will. Aber dann gibt er nach, wobei er Sven der Lüge überführt: Plötzlich geht ihm auf, dass auf dem Schiff niemand Dänisch spricht und Sven wegen seiner schlechten Sprachkenntnisse die Ware, die unter der Hand läuft, nicht selbst auf dem Kreuzfahrtschiff abliefern will. Mit 25 kg in Styropor verpackten Krabben geht Pakku nach Hause und trifft dort auf seinen Vater. Während Pakku sich wäscht, bedient sich sein Vater von den Krabben in der Annahme, dass sie für ihn und seinen Sohn sind. Pakku schimpft, zieht sich um und geht zur MS Alaska. Das Schiff beeindruckt ihn und er würde sich gerne unter die Menschen dort mischen.

Sven verwickelt Pakku in ein verbotenes Geschäft

Anschließend ruft er, wie mit Sven vereinbart, Herrn Grönemeyer an. Das Telefongespräch nimmt einen merkwürdigen Verlauf und Pakku begreift sofort, dass Grönemeyer in Schwierigkeiten ist. Als auf der Gangway drei Männer auftauchen und Ausschau halten, schiebt er die Styroporkiste unter den Hotdog-Wagen des Würstchenverkäufers Ole Olsen und bestellt sich bei diesem eine Wurst. Er beobachtet die drei Männer, von denen einer Grönemeyer zu sein scheint. Dieser wiederum schaut Pakku an, als kenne er ihn. Zunächst geht Pakku am Kai entlang, um nach einiger Zeit zu Ole und der Styroporkiste zurückzukehren. Die Männer sind fort und Pakku nimmt die Kiste und geht damit zu Sven, der ihn wütend auffordert, die Krabben in den Fjord zu kippen und über die Angelegenheit zu schweigen. Pakku nimmt die Krabben mit nach Hause.

Nuuk, Grönland, Sommer 2020

Jonathan und Shary lassen sich den Weg zum Haus von Pakkus Vater am Rasmussenvej zeigen. Dort angekommen muss Jonathan feststellen, dass zwar noch das Straßenschild existiert, jedoch nicht mehr die Siedlung. An ihre Stelle ist eine Baustelle getreten, auf der zweigeschossige Apartmenthäuser errichtet werden. Die hinzukommende Architektin, die in ihnen Kauf-Interessenten sieht, spricht Jonathan an und sagt, dass sie sich schnell entscheiden müssen, wenn sie interessiert seien. Bevor die Architektin sich ins Auto setzt, rät sie Jonathan auf seiner Suche nach den ehemaligen Bewohnern der abgerissenen Häuser im Büro der Traditionsbewegung zu fragen. Sharys Fragen nach Jonathans Vater sind diesem plötzlich zu forschend und er bietet ihr an, sie zu ihrer Pension zu bringen.

Jonathans Elternhaus existiert nicht mehr

Nuuk, Grönland, Frühjahr 2011

Pakku chattet mit Spider am PC und versucht erneut, ihm Privates zu entlocken, dieser bleibt jedoch verschlossen. Pakku genießt das Spielen mit Spider und plötzlich packt ihn die Sehnsucht nach seiner Großmutter. Er erinnert sich, dass er sie nach ihrem Tod nicht mehr sehen konnte, nicht an ihrer Beerdigung teilnahm und ohne von allem Abschied nehmen zu können nach Hamburg gebracht wurde.

Pakku hat kurze Zeit in Hamburg gelebt

Spider antwortet auf Pakkus Frage, dass er in Hamburg lebt, und Pakku ist überrascht. Es fällt ihm ein, wie einsam er sich bei seinen Hamburger Verwandten gefühlt hatte. Auf Spiders Frage antwortet Pakku, dass er in Dannenberg lebt. Er realisiert, dass er in eine der großen Städte wie Berlin oder New York ziehen will. Aus Spaß verabredet sich Pakku mit Spider auf dem Empire State Building.

Aus Spaß verabreden sich Pakkutaq und Spider in New York

Er denkt über Spider nach und kommt zu dem Schluss, dass dieser einsam sein muss (S. 117).

Nuuk, Grönland, Sommer 2020

Jonathan trifft auf Angaju

Nach einem Frühstück in seinem Hotel sucht Jonathan das Büro des Traditionsvereins auf. Dort trifft er auf Angaju, der ihn sofort erkennt. Er wartet überrascht in der Küche auf Anga und überlegt, was er tun soll. Bevor er zu einer Entscheidung kommen kann, betritt Angaju die Küche und schließt ihn in die Arme. Sie trinken zusammen Kaffee, als wären sie nie getrennt gewesen. Anga erzählt von seiner Arbeit in der Traditionsbewegung und davon, dass sie alte Dörfer vor dem Zugriff der Rohstoffkonzerne schützen konnten und dass zunehmend Touristen nach Grönland kommen.

Von Angaju erfährt Jonathan, dass sein Vater wohl in den Süden gezogen sei, eventuell nach Nanortalik. Anga wartet darauf, dass Pakkutaq seine Geschichte erzählt. Jonathan spürt das und sagt, dass er erst mit seinem Vater reden möchte. Anga akzeptiert und zusammen trinken sie Wodka, während Anga erzählt, dass er verheiratet ist und eine Tochter mit Namen Avaaruna habe und dass Aqqaluk als Restaurantkontrolleur für Sven Kristiansen arbeitet. Jonathan fragt Anga, seit wann er Wodka trinke: „…es ist ein besonderer Moment, wenn die Toten plötzlich vor einem stehen, Pakku“, antwortet dieser. (S. 124)

Nuuk, Grönland, Frühjahr 2011

Pakku soll Waren auf die MS Alaska bringen

Eine Woche nach der missglückten Krabbenübergabe wird Pakku von Sven, der ihn wie einen Verbündeten behandelt, auf dem Weg zum Krabbenschuppen abgefangen. Pakku soll für 1.500 Kronen Waren an Bord der MS Atlantik bringen. Pakku willigt unter der Bedingung ein, dass Aqqaluk mitmacht und jeder von ihnen 1.000 Kronen bekommt. Sven stimmt zu.

Am Abend chattet Pakku wieder mit Spider. Nach einigem Geplänkel verabreden sie sich statt auf dem Empire State Building für den folgenden Samstag in einem Hamburger Schachcafé. Pakku fällt ein, dass die MS Alaska am kommenden Samstag in Hamburg anlegen wird. Er überlegt mitzufahren und macht es von einem Pasch abhängig. Tatsächlich würfelt er einen Pasch.

Verabredung am Samstag in Hamburg

Südwestküste Grönland, Sommer 2020

Jonathan und Anga sitzen noch in der Küche zusammen. Anga schlägt Pakku vor, am Vormittag mit dem Frachter *Ivalu* nach Nanortalik zu fahren und dort seinen Vater zu suchen. Dann komplimentiert Anga Pakku aus dem Büro. Dieser schlägt den Weg zum Hafen ein, wo die *Ivalu* liegt. Der Kapitän des rostigen Frachtschiffes, Fridjof, hält ihn für einen Hilfsarbeiter. Der Irrtum klärt sich auf und Jonathan kann als Gegenleistung für seine Hilfe beim Beladen des Schiffes umsonst nach Nanortalik fahren. Als er sich einen Augenblick hinsetzt, um auszuruhen, muss er an Sven denken und die Umstände der ersten Nacht auf der MS Alaska. Er bekommt einen Angstschub und übergibt sich.

Anga fädelt für Pakku Reise nach Nanortalik ein

Nuuk, Grönland, Frühjahr 2011

Pakku setzt seinen Fluchtplan um. Seinem Vater schreibt er eine Art Abschiedsbrief, dann packt er seinen Ausweis und sein gesamtes Geld ein und verlässt das Haus. Durch das menschenleere Nuuk geht er zum Krabbenschuppen. Dort trifft er auf den eingeweihten Aqqaluk und überraschenderweise auch auf Maalia, worüber Pakku sich ärgert. Sie lässt sich nicht wegschicken und Aqqaluk rettet die Situation, indem er sagt, dass sie ihnen helfen könne.

Pakku lässt sich an Bord der MS Alaska schmuggeln

Im Krabbenschuppen angelangt hieven sie in Styroporkisten verpackte tote Tiere in einen Transporter und fahren zu einer wenig ausgeleuchteten Region der Kaianlagen. Dort nehmen sie eine Kis-

Fluchtvorbereitungen

te mit Robbenfleisch und kippen den Inhalt ins Meer. Aqqaluk und Pakku bohren Löcher in die Kiste und Maalia versteht. Sie zieht den Pullover aus und wischt damit das Robbenblut aus dem Behältnis. Als genügend Löcher im Styropor sind, nehmen sie Abschied voneinander. Pakku verspricht Aqqaluk, sich zu melden. Maalia rät Pakku, das Handy auszuschalten, und flüstert ihm ins Ohr, dass er wiederkommen werde. Pakku klettert in die stinkende Kiste. Er denkt, dass sie sein Sarg sei.

Südwestküste Grönlands, Sommer 2020

Shary begleitet Jonathan auf der Fahrt der *Ivalu*

Als Jonathan von Fridjof aufgefordert wird, seine Sachen an Bord der *Ivalu* zu holen, denkt er an Shary und bittet Fridjof, sie mitnehmen zu dürfen. Fridjof willigt ein. Kurze Zeit später stehen Jonathan und die junge Frau an der Reling der *Ivalu*. Shary stellt Jonathan Fragen, die er nicht beantworten möchte. Als sie schließlich nach seiner Mutter fragt, beginnt Jonathan sich zu öffnen. Er erzählt, wie sich sein Vater bei einer Bergtour in eine Frau verliebt hatte, mit ihr ein Kind bekam und dass die Frau wenige Monate später an einer Überdosis Heroin starb. Sein Vater sei zu dieser Zeit Mitte Zwanzig gewesen. Shary ist entsetzt. Jonathan ist seinem Vater durch das Erzählte nah und er erinnert sich, dass er auf einer Fahrt nach Nanortalik mit ihm einen Finnwal beobachtet hatte und wie erhaben dies gewesen war.

MS Alaska, Hafen von Nuuk, Frühjahr 2011

An Bord der MS Alaska: Grönemeyer rettet Pakku das Leben und versteckt ihn

Pakku liegt in der engen, stinkenden Kiste und versucht, als er sich allein wähnt, den Deckel zu öffnen, doch es gelingt ihm nicht. Er beginnt an Atemnot zu leiden und versucht panisch, Luftlöcher in die Kiste zu bohren, was ebenfalls misslingt. Er ruft mit seinem Handy Sven Kristiansen an, erreicht jedoch nur dessen Mailbox.

Er halluziniert und kurz bevor er das Bewusstsein verliert, wird er von jemanden gepackt und geschüttelt.

Es ist Grönemeyer, der Pakku unsanft ins Leben zurückholt und ihn erst einmal aus dem Kühlraum in einen anderen Raum bringt. Grönemeyer ist erbost, doch er kann Pakku nicht mehr von Bord schicken, da das Schiff just in diesem Augenblick ablegt. Pakku zückt sein Handy und ruft Kristiansen erneut an, um ihm zu sagen, dass alles in Ordnung sei. Grönemeyer nimmt das Handy ebenfalls und droht, Pakku über Bord gehen zu lassen. Pakku wird klar, dass er von Grönemeyer abhängig ist, und fragt ihn, was er vorhabe. Dieser antwortet, dass er bis Hamburg in dem Raum bleiben solle, und zeigt ihm, wo Äpfel gelagert sind, obwohl er ihn eigentlich dem Kapitän melden müsse, wie er Pakku sagt. Dann instruiert er ihn, sich versteckt zu halten. Mit der Aufforderung an Pakku, sich nicht erwischen zu lassen, verlässt er den Raum und schließt die Tür hinter sich ab. Pakku realisiert, dass Grönemeyer ihm das Leben gerettet hat. Ihm ist auch klar, dass Grönemeyer Angst hat, dass seine illegalen Geschäfte durch Pakku auffliegen könnten.

Südwestküste Grönlands, Sommer 2020

Vergebliche Suche nach Peter Wildhausen in Paamiut und Qaqortoq

Nachdem sie einen Teil der Ladung in Paamiut gelöscht haben, fragt Jonathan im Brugsen nach seinem Vater, ehe Fridjof, der es eilig hat, wieder ablegt: Die Kassiererin kann sich nicht an einen 50-jährigen Alkoholiker erinnern. Die Fahrt nach Qaqortoq verbringen Shary und Jonathan zusammen an Deck. Dort schlafen sie zunächst ein, um die restliche Nacht in der Kajüte des Kapitäns zu verbringen und so der Kälte zu entgehen.

Als sie aufwachen, hat die *Ivalu* bereits im Hafen von Qaqortoq angelegt. Da die Fahrt nach Nanortalik erst am Nachmittag fortgesetzt werden soll, haben Jonathan und Shary Zeit für einen Besuch der Stadt, von der Jonathan weiß, dass sie ein bevorzugter Ort für

Steinskulpturen in Qaqortoq © IAM / akg-images

Bildhauer ist: Sie schlagen ihre Werke in die Steine der Umgebung. Shary steht staunend vor den behauenen Steinen und Jonathan weiß plötzlich, dass er für sich den richtigen Beruf gewählt hat. Jonathan erzählt von der in Qaqortoq geborenen Bildhauerin Aka Høegh. Shary fragt ihn, ob er auch als Kind Gesichter und Figuren in den Steinen gesehen hatte. Er erwidert, dass er die Steine gehasst und auf sie eingeschlagen habe. Shary ihrerseits sagt, dass sie immer Sehnsucht nach Grönland gehabt habe und dass sie die Mythen und Sagen liebt. Dann fotografiert sie einige der in Stein gehauenen Gesichter. Die Frage, ob Jonathan glaube, seinen Vater in Qaqortoq zu finden, verneint dieser und sagt, dass er ihn in Nanortalik vermute. Trotzdem fragt er im Supermarkt nach ihm, doch niemand hat Peter Wildhausen gesehen.

Mücken, Spinnen und Netze

Die restliche Zeit verbringen Jonathan und Shary mit Sonnen, wobei die junge Frau Opfer der Mücken wird. In einem Outdoorshop kaufen sie sich Mückenhüte, Insektenspray und ein Moskitonetz. Der Verkäufer macht Scherze über die Mücken und erzählt stolz von seiner Bienenzucht. Shary setzt sich und Jonathan die Mückenhüte auf und bittet den Verkäufer lachend, sie beide zu fotografieren. Auf dem Weg zum Schiff erzählt Jonathan Shary von dem Wunsch seines Vaters, der erste Imker Grönlands zu werden, und dass er in seiner Reisetasche eine Honigschleuder als Geschenk dabei habe.

Skulptur einer Spinne

An der *Ivalu* werden sie von Fridjof bereits erwartet und das Schiff legt gleich ab. Jonathan wird unruhig und holt aus seiner Jackentasche einen großen Kiesel, den er auf dem Friedhof von Nuuk eingesteckt hatte, greift zu Meißel und Hammer aus seinem Etui mit Bildhauerwerkzeug und formt aus dem Kiesel eine Skulptur, die wie eine archaische, in einem Spinnennetz hängende Biene aussieht. Er erinnert sich an Spider und seine Anfangszeit in Hamburg.

MS Alaska, Deutsche Bucht, Frühjahr 2011

Pakkutaq wird entdeckt

Pakku ist nach wie vor in diesem Schiffsraum, in dem er sich wie im Gefängnis fühlt. Die Zeit kommt ihm abhanden, der Akku seines Handys ist leer. Er ernährt sich von Äpfeln, Wasser und Limonade und versteckt sich bei jedem Geräusch. Grönemeyer kommt ab und zu, um Ware zu holen, aber Pakku hält sich auch vor ihm versteckt. Am dritten Tag der Existenz als blinder Passagier lässt er Pakku die Toilette besuchen, versorgt ihn mit Milch, Brot und Käse und erzählt ihm, dass sie in Nuuk nach ihm, Pakku, suchen. Grönemeyer erzählt von seinem Plan, Pakku in Hamburg in einer der Kisten von Bord zu schmuggeln, und dann möchte er nichts mehr von ihm hören.

Pakku erschlägt den Schiffsjungen

Als Grönemeyer gegangen ist, realisiert Pakku, dass er am nächsten Tag in Hamburg sein wird, und versucht vergeblich, sich sein neues Leben vorzustellen. Er überhört sich nähernde Schritte und ehe er sich verstecken kann, steht ein etwa gleichaltriger Junge in der Uniform der MS Alaska vor ihm, um Servietten zu holen. Sie blicken sich misstrauisch an und Pakku wird klar, dass der Junge ihn als blinden Passagier erkannt hat und ihn verraten wird. Es entwickelt sich ein Kampf, in dem der Junge überlegen ist und droht, Pakkutaq zum Kapitän zu bringen. Der unter ihm liegende Pakku fleht ihn an, dies nicht zu tun, doch der Junge gibt nicht nach. Auf die Frage Pakkus, was er denn davon habe, sagt der Junge, dass er sich einen festen Job davon verspricht. Pakku mobilisiert seine letzten Kräfte und erschlägt seinen Gegner.

Nanortalik, Südspitze Grönlands, Sommer 2020

In Nanortalik trifft Jonathan auf Aqqaluk

Die *Ivalu* steuert Nanortalik an und Pakkutaq fällt auf, dass das küstennahe Meer inzwischen eisfrei ist und sich Nanortalik im Gegensatz zu Nuuk kaum verändert hat. Er bezweifelt plötzlich, dass sein Vater hier lebt. Sie verlassen die *Ivalu*, stellen ihr Gepäck in einem billigen Hotel ab und gehen in ein Fischrestaurant. Als Jonathan den goldfarbenen Fisch – das Erkennungszeichen von Sven Kristiansens Restaurants – über dem Eingang sieht, zögert er kurz, bevor er mit Shary das Restaurant betritt. Beim Nachtisch fühlt sich Jonathan plötzlich beobachtet, wendet den Kopf und erblickt einen kräftigen Mann: Es ist Aqqaluk, der Pakku ebenfalls erkennt und ihn ungläubig anschaut.

Erleichterung bei Jonathan und Aqqaluk

Beide Männer gehen aufeinander zu, überrascht der eine und fassungslos, angstvoll der andere. Jonathan hatte oft an die mögliche Begegnung mit Aqqaluk gedacht und in seinem Kopf Sätze entworfen, mit denen er sein Verhalten nach seinem Verschwinden erklären wollte. Jetzt, wo Aqqaluk vor ihm steht, will er vor Shary nur nicht „Pakku“ genannt werden. Dies gibt er Aqqaluk zu verstehen und Aqqaluk fügt sich. Sie setzen sich zu Shary an den Tisch. Jonathan erzählt von der Kreuzfahrt und seinem Leben in

Hamburg. Aqqaluk seinerseits berichtet von seinem Leben als Restauranttester. Sie trinken zu viel und Jonathan empfindet ein Gefühl der Absurdität. Als das Restaurant schließt, gehen alle drei gemeinsam ins Hotel, in dem auch Aqqaluk wohnt. Jonathan verabredet sich mit Aqqa an der Bar.

MS Alaska, Elbe, Frühjahr 2011

Pakku wirft Querido über Bord

Pakku schleppt den von ihm ermordeten Jungen zum Lüftungsrohr. Dabei fallen die Bordkarte und ein Ausweis aus der Hosentasche des Toten, der auf den Namen Jonathan Querido ausgestellt ist, geboren am 20. Dezember 1993 in Manila. Das auf dem Foto abgebildete Gesicht des Jungen ist dem Pakkus verblüffend ähnlich. Wie ferngesteuert entkleidet Pakku den Toten, zieht dessen Uniform an und streift dem Toten seine eigene Kleidung über. Er will die Identität Jonathan Queridos annehmen, denn „Pakkutaq Wildhausen war tot“ (S. 175). Er zieht dem Toten seine Daunenjacke an, schleppt ihn über den Flur zu einem Aufzug und fährt mit ihm auf das Oberdeck – immer mit der Angst entdeckt zu werden. Oben angekommen steht er einen Augenblick mit der Leiche an der Reling, dann wirft er sie zusammen mit seinen eigenen Habseligkeiten ins Meer.

Putzend schlüpft er in die Rolle eines Schiffsjungen

Kaum hat er das getan, wird er von einem Schiffsangestellten barsch aufgefordert, die Loggia zu reinigen. Sofort verhält sich Pakku wie ein untergebener philippinischer Schiffsjunge und beginnt zu putzen. Als eine Frau erscheint, drückt er sich an ihr vorbei und reinigt die nächste Loggia. Er putzt und putzt und dann sieht er, dass die MS Alaska auf der Elbe ist. Ihm fällt die Verabredung mit Spider ein und er fragt sich, wie er ihm begegnen soll. Er realisiert, dass er eine neue Identität angenommen hat und dass nun alles anders ist: „Ich war in das Leben eines anderen geschlüpft.“ (S. 179)

Nanortalik, Südspitze Grönlands, Sommer 2020

Aqqaluk möchte Pakkutaqs Geschichte hören

Jonathan betritt die Hotelbar, wo Aqqaluk an der Theke bereits auf ihn wartet. Er fordert „Pakkutaq" auf, sich zu erklären. Jonathan versucht sich zu konzentrieren und sich zur Ehrlichkeit zu zwingen. Bevor er zu reden beginnen kann, sagt Aqqaluk, dass er, Pakkutaq, eine schöne Beerdigung gehabt habe und dass sein Vater, der ihn identifizieren musste, danach vollkommen den Halt verloren habe. Pakkutaq wird daraufhin kalt. Aqqaluk berichtet weiter, dass Pakkutaqs vermeintliche Leiche an der dänischen Küste angeschwemmt worden war und dass sie in einem schlechten Zustand gewesen sei. Pakkutaq bittet Aqqaluk zu schweigen. Dieser nimmt Pakkutaqs Whiskyglas, das dieser nicht angerührt hat, doch Pakkutaq nimmt es ihm weg und schüttet den Inhalt auf den Boden. „Du kannst mich mal … Jonathan", sagt Aqqaluk (S. 183) und lässt ihn sitzen.

Pakkutaq erzählt Geschichte vom vermeintlich toten Pakkutaq

Pakkutaq läuft Aqqaluk nach und holt ihn ein. Dieser hat alle Aggressivität verloren und sagt Pakkutaq, dass er ihn vermisst habe und zornig gewesen war auf Pakkutaqs vermeintlichen Mörder. Außerdem sei er zornig auf sich selbst gewesen, weil er ihm bei der Flucht geholfen und seinen Tod ausgenutzt habe. Pakkutaq erwidert, dass er an gar nichts schuld sei. Doch Aqqaluk insistiert und will es ihm erklären. Beide gehen sie zu einem Bootsschuppen, holen zwei Kajaks und paddeln auf den Fjord hinaus. Aqqaluk erzählt von Peter Wildhausen, der verzweifelt versuchte, seinen Sohn zu finden, und von seinem eigenen schlechten Gewissen, weil er gegenüber dem Vater unaufrichtig war. Auch Maalia quälte sich mit Gewissensbissen. Da sie aber beide mit einer Nachricht Pakkutaqs aus Deutschland rechneten, sagten sie Pakkutaqs Vater nicht, dass sein Sohn sich auf die MS Alaska hatte schmuggeln lassen. Als sie jedoch nichts von ihm hörten, vermuteten sie ein Unglück. Nachdem die vermeintliche Leiche Pakkutaqs angespült worden war, fühlten sie sich bestätigt. Peter Wildhausen flog dann nach Dänemark und identifizierte den Toten als seinen Sohn und ließ ihn nach Nuuk überführen.

Erpressungen

Nach der Beerdigung erzählte Sven Kristiansen Aqqaluk, dass er zwei seltsame Nachrichten auf seiner Mailbox habe, aus denen er schließe, dass Grönemeyer Pakkutaq über Bord geworfen habe. Er schlug vor, Grönemeyer mit diesem Wissen zu erpressen. Aqqaluk und Kristiansen erpressten Grönemeyer über einen langen Zeitraum hinweg und dieser zahlte. Von dem Geld eröffnete Sven Kristiansen mehrere Restaurants, Aqqaluk investierte in Drogen. Dann erpresste er Kristiansen wiederum mit seinem Wissen um die Erpressung und verschaffte sich so eine Anstellung bei ihm.

Pakku erzählt Aqqaluk von seiner Tat

Aqqaluk fragt Pakkutaq, warum er sich Jonathan Querido nennt. Pakkutaq erwidert, dass es der Name des Jungen sei, den er auf der MS Alaska getötet habe, und dass er dessen Identität angenommen habe. Dann erzählt er Aqqaluk seine Geschichte.

Hamburg, Frühjahr 2011

Pakkutaq verlässt als Jonathan das Schiff in Hamburg

Nachdem die MS Alaska in Hamburg angelegt hat, mischt sich Pakkutaq unter die Angestellten, die das Schiff verlassen und Richtung Passkontrolle strömen. Die Abfertigung der Menschen verläuft schleppend. Als sich die Menge staut, überkommt Pakkutaq die Angst vor Entdeckung. Er fühlt sich beobachtet und wagt nicht, sich umzuschauen. In diesem Moment öffnet ein zweiter Schalter der Passkontrolle, die Menge der Menschen schiebt sich weiter und plötzlich steht Pakkutaq vor dem Beamten, der ihn ohne Probleme passieren lässt. Pakkutaq ist nun offiziell Jonathan Querido. Er erwacht aus seiner Betäubung und nimmt erstmals die Umgebung wahr. Ihn überkommt das Gefühl grenzenloser Freiheit und grenzenloser Möglichkeiten. Dass er für sein neues Leben einen Menschen getötet hat, verdrängt er.

Mittellos in Hamburg

Ein ihn massiv anbettelnder alter Mann holt ihn in die Realität zurück. Er schüttelt ihn ab und bereut, sein Handy samt Geld mit der Leiche ins Meer geworfen zu haben. Mutlos überlegt er, wie er zum Schachcafé gelangen kann, als ein Taxi vor ihm hält. Der Fahrer bietet Pakkutaq an einzusteigen und er folgt der Aufforderung. Der Taxifahrer will Pakkutaq zur Reeperbahn fahren, doch Pakkutaq gibt als Ziel das Schachcafé am Rübenkamp an, wo er mit Spider verabredet ist. Sie fahren durch eine ruhige Gegend, die Pakkutaq wie ein Paradies vorkommt. Die dort stehenden Kastanien lösen Kindheitserinnerungen bei ihm aus. Der Fahrer bemerkt den labilen psychischen Zustand des Jungen und fragt ihn, was los sei. Pakkutaq antwortet ausweichend. Am Schachcafé angekommen, gesteht Pakkutaq, dass er kein Geld habe. Der Fahrer zeigt sich verständnisvoll und lässt ihn mit einer Rechnung gehen.

Im Schachcafé am Rübenkamp

Pakkutaq betritt um kurz nach 20 Uhr das Café, bestellt einen Kaffee und hält Ausschau nach seinem virtuellen Freund Spider. Er sucht nach einem allein sitzenden Mann, findet jedoch keinen. Hungrig stiehlt er einem streitenden Paar eine übrig gebliebene Wurst vom Teller, die er gesenkten Blickes isst. Als er hochschaut, blickt er einem Mann direkt in die Augen. Dieser hat seinen Diebstahl beobachtet, bestellt ihm anschließend ein Steak und kommt mit einer Laugenbrezel an Pakkutaqs Tisch. Während er die Brezel herunterschlingt, wird er von dem Unbekannten, den er für Spider hält, aufmerksam beobachtet und befragt. Der „Spielchen" Spiders überdrüssig, müde und hungrig verschlingt er gierig das vom Kellner servierte Essen. Der Unbekannte registriert die tiefe Müdigkeit Pakkutaqs, zahlt die Rechnung und bietet ihm eine Übernachtungsmöglichkeit in seiner Wohnung an.

Pakkutaq stellt sich als Jonathan Querido vor

Wie einen Betrunkenen schleppt der Fremde Pakkutaq aus dem Café und zu sich in die Wohnung. Der unbekannte Wohltäter fragt ihn nach seinem Namen und Pakkutaq antwortet, dass er „Jonathan

Querido" heiße (S. 203). In der Wohnung angekommen registriert er als erstes die große Fotografie eines zerwühlten Bettes und schließt daraus, dass der Fremde homosexuell ist. Dieser beruhigt Pakkutaq mit den Worten, dass er keine Angst vor ihm haben müsse.

Nanortalik Südspitze Grönlands, Sommer 2020

Aqqaluk weiß nicht, wo Peter Wildhausen ist

Jonathan und Aqqaluk bringen die Kajaks zurück in den Bootsschuppen. Es ist still zwischen ihnen, bis Aqqaluk sagt, dass es Totschlag gewesen sei, der inzwischen verjährt sein könnte. Jonathan weist ihn darauf hin, dass Totschlag nach 30 Jahren verjährt, also erst in 21 Jahren. Dann sagt er Aqqaluk, dass er keine Angst vor einer Erpressung durch ihn habe, und sie führen ein Gespräch über Namen und ihre Bedeutung (S. 206). Zusammen gehen sie zum Hotel zurück und reden über Belangloses. Schließlich fragt Jonathan Aqqa nach seinem Vater. Aqqaluk zuckt die Schultern und denkt, dass Peter Wildhausen damals tatsächlich nach Nanortalik gegangen sei, um Bienen zu halten, doch den derzeitigen Aufenthaltsort Wildhausens kennt er nicht. Die beiden Freunde aus Jugendtagen verabschieden sich: „Viel Glück bei allem, was du tust, Jonataq." (S. 208)

Wo ist Peter Wildhausen?

Beim Frühstück fragt eine ernste Shary, ob es zwischen dem toten Jungen auf dem Friedhof, Jonathan und Aqqaluk eine Freundschaft gegeben habe. Jonathan antwortet ausweichend, beobachtet einen alten Alkoholiker, der in einem Papierkorb nach Essbarem sucht und wird dabei wütend. Dann sagt er, dass es vielleicht sinnlos sei, seinen Vater zu suchen.

Hamburg, Frühjahr 2011

Pakkutaq übernachtet bei dem Fremden

Willenlos folgt Jonathan dem Mann in das Schlafzimmer. Er fällt auf das Bett und spürt, dass ihm die verdreckte Kleidung ausgezogen wird. Für eine kurze Zeit schläft er ein, dann spürt er, dass sich der

Fremde neben ihn legt. Als er von ihm gefragt wird, ob er schon schlafe, antwortet Pakkutaq nicht. Er fühlt sich wie eine ins Nichts treibende Eisscholle.

Nanortalik, Südspitze Grönlands, Sommer 2020

Jonathan weist Shary ab und verachtet sich dafür

Auch in Nanortalik bleibt Jonathans Suche nach seinem Vater erfolglos. Jonathan spürt eine Distanz zwischen sich und Shary. Zurück im Hotel legen sie sich zusammen auf das Bett. Shary beginnt zärtlich zu werden und Jonathan versucht, sich auf ihre Berührungen einzulassen. Doch er schafft es nicht und flieht voller Schuldgefühle und voller Angst, sich in sie zu verlieben, in die Toilette, wo er sich einschließt. Die wütende und verletzte Shary klopft an die Tür und fordert ihn auf herauszukommen. Jonathan verlässt die Toilette erst, als Shary zu schlafen scheint.

Jonathan ist ein Eisberg

Beim Frühstück am nächsten Tag versichert Shary, dass alles in Ordnung sei und dass sie ihn in Ruhe lassen werde, wenn dies sein Wunsch sei. Als sie einen der wenigen noch verbliebenen Eisberge auf dem Wasser des Fjords vorbeiziehen sehen, fragt Shary doppeldeutig, wie lange wohl der Schmelzvorgang eines solchen Eisbergs dauert. Jonathan, der die Anspielung begriffen hat, antwortet, dass es irgendwann bestimmt geschehen wird. Shary teilt ihm mit, dass sie im Hotel bleiben wird, während er außerhalb nach seinem Vater suchen will. Shary wünscht „Viel Glück, Jonataq“ (S. 216) und verunsichert Jonathan damit.

Hamburg, Frühjahr 2011

Lloyd bietet Jonathan eine Bleibe an

Jonathan erwacht im Bett des Fremden, ohne dass dieser ihn in der Nacht angefasst hätte. Im Zimmer fällt sein Blick auf die Skulptur eines männlichen Körpers. Der Mann betritt das Schlafzimmer, bringt Jonathan das Frühstück und räumt dessen verdreckte Kleidung weg. Jonathan fühlt sich unsicher. Der Mann spürt dies und versichert ihm, dass er nichts von ihm wolle, schließlich sei Jonathan erst 17 Jahre alt. Jonathan gibt seinen Vorurteilen nach und blafft seinen Retter an, warum er nicht gesagt habe, dass er schwul sei und dass er nicht nach Hamburg gekommen wäre, hätte er es gewusst. Er redet den Fremden mit „Spider" an, woraufhin der Fremde irritiert reagiert. Jonathan begreift, dass sein Wohltäter nicht Spider ist. Der Mann stellt sich als „Lloyd" vor und bietet dem Jungen frische Kleidung und ein Bad an. Auf dem Weg zum Bad sieht Jonathan einen Raum, den Lloyd als Atelier bezeichnet. Jonathan fragt Lloyd, ob er Bildhauer sei. Lloyd antwortet, dass er Architekt ist und das Atelier von einem Freund benutzt wurde, der jetzt nicht mehr sein Freund ist. Dann zeigt Lloyd Jonathan das Gästezimmer, in dem auch ein PC steht, und bietet ihm an zu bleiben. Er verabschiedet sich von Jonathan bis zum Mittagessen. Jonathan startet den PC, duscht, lädt die Seite mit den Internetspielen hoch und sieht schließlich, dass Spider online ist.

Nanortalik, Südspitze Grönlands, Sommer 2020

Pakku trifft auf Mikael Aariak

Jonathan fährt auf der Suche nach seinem Vater mit einem Daylightmobil in der Region um Nanortalik herum. Allerdings betreibt er die Suche nicht wirklich ernsthaft. An einer Tankstelle trifft er auf den sichtlich gealterten Mikael Aariak, den Freund seines Vaters. Er spricht Aariak auf Peter Wildhausen an, doch Aariak gibt sich zugeknöpft und sagt, dass Wildhausen längst nicht mehr in Nanortalik wohnt. Er erzählt dem jungen Wildhausen, dass sein Vater nur etwa ein halbes Jahr in Nanortalik gewohnt habe und dann verschwunden sei. Dann gibt Aariak Pakkutaq den Tipp, Gunnar Kleist zu fragen, der inzwischen Besitzer von *Trans Greenland* ist, dem größten Anbieter für Flüge innerhalb Grönlands.

Pakku erfährt, dass sein Vater tot ist

Auf dem Weg zu Kleist entscheidet sich Pakkutaq, dort die Wahrheit zu sagen. Er weiß, dass man einem Menschen wie Gunnar Kleist nichts vormachen kann, außerdem hat er die Lügen langsam satt. Als Kleist ihn auf Englisch begrüßt, stellt er sich auf Grönländisch als Pakkutaq Wildhausen vor. Zunächst glaubt ihm Kleist nicht, doch Pakkutaq kann ihn überzeugen. Auf die Frage Pakkutaqs, ob Kleist wisse, wo sein Vater sei, antwortet dieser, dass Peter Wildhausen schon seit Jahren tot ist und vermutlich ermordet wurde (S. 226).

Hamburg, Frühjahr 2011

Spider bricht den Kontakt ab

Jonathan und Spider chatten miteinander. Als Jonathan Spider zu verstehen gibt, dass er in Hamburg ist, geht Spider offline.

Flug von Nanortalik nach Qaanaaq, Grönland, Sommer 2020

Pakkutaq beginnt das Leben seiner Mutter zu begreifen

Jonathan und Shary fliegen mit dem Privatflugzeug Gunnar Kleists nach Qaanaaq. Vom Flugzeug aus sieht Pakkutaq, dass das Grönlandeis größtenteils verschwunden und die Insel von Bohrinseln umgeben ist. Er überlegt, was seinem Vater widerfahren sein könnte, und stellt fest, dass er nicht um ihn trauert, sondern eher verwirrt ist. Gunnar Kleist hatte ihm erzählt, dass er einen Zeitungsartikel über den Vorfall habe, den er ihm via Mail senden will, wenn seine Sekretärin ihn findet. Shary unterhält sich indessen mit dem Piloten und dieser erzählt ihr ein wenig von Qaanaaq und davon, dass dort 1968 ein amerikanischer B-52-Bomber mit vier nuklearen Sprengköpfen an Bord abstürzte – ein Sprengkopf liege vermutlich immer noch im Meer. Bei den Aufräumarbeiten seien viele grönländische Helfer radioaktiv kontaminiert worden. Jonathan hört diese Worte und kombiniert einen Zusammenhang zwischen den damaligen Ereignissen und dem Hass seines Vaters auf die Amerikaner. Er erinnert sich an einen Wutausbruch seines Vaters mit den Worten, dass die Amerikaner den Tod seiner Mutter verschuldet hätten und dass sie schon krank gewesen war, bevor sie den Norden verlassen hatte. Jonathan hatte die Zusammenhänge damals nicht verstanden. Nun wird ihm klar, dass ihn die Suche nach seinem Vater „auf die Spur seiner Mutter“ gebracht hat. (S. 233)

Hamburg, Winter 2011

Lloyd ist Pakkutaq ein Vater

Lloyd feiert seinen fünfzigsten Geburtstag. Viele Gäste sind eingeladen, darunter auch Manoli und Eleni, die griechischen Nachbarn. Sie sprechen Lloyd mit dessen eigentlichen Vornamen „Lutz“ an und sind die einzigen Menschen aus Lloyds sozialem Umfeld, die Jonathan mag. Den übrigen Freunden und Bekannten Lloyds, die aus der etablierten kreativen Szene Hamburgs kommen, steht er distanziert gegenüber – genauso wie sie ihm. Anfangs hielten sie Jonathan für Lloyds Geliebten, jetzt für eine Art Sohn. Wie ein Ersatzvater brachte Lloyd Jonathan Kultur nahe und lehrte ihm in der Ostsee das Schwimmen. Jonathan wiederum unterrichtete seinen väterlichen Freund in Backgammon. Über sein bisheriges Leben schweigt er sich aber aus.

Jonathan entdeckt die Welt der Bildhauerei für sich

Auf der Geburtstagsfeier bietet Manoli Jonathan an, einige Stunden in seinem zusammen mit Eleni betriebenen Kiosk zu arbeiten. Zunächst ist Jonathan überrascht, dann sagt er zu. Manoli möchte die Idee aber auch mit Lutz besprechen, dem sehr an dem Jungen liegt und der es gerne sieht, dass Jonathan sich vorwiegend im Atelier aufhält. Lloyd hatte ihm die Benutzung der Werkzeuge erlaubt und tatsächlich scheint Jonathan hier eine Welt für sich zu entdecken.

Ein Fremder versucht bei Lloyd einzudringen

Plötzlich ist Lärm im Flur zu hören und ein Mann versucht mit den Worten, dass er das Bild gesehen habe, in die Wohnung einzudringen, was am Widerstand Lloyds scheitert. Der Mann verschwindet. Manoli befragt Lloyd nach dem Mann und dem Bild und Lloyd antwortet, dass es sich um eine Fotografie von ihm und Jonathan handeln müsse, die bei einem Richtfest aufgenommen worden war.

Jonathan ist hinzugekommen und Manoli erzählt, dass Jonathan in seinem Kiosk mithelfen kann. Die brüske und ablehnende Reaktion Lloyds verblüfft Manoli und Jonathan gleichermaßen.

Qaanaaq, Nordwestküste Grönlands, Sommer 2020

Qaanaaq: amerikanische Air Base mit massiven Folgen für die Bewohner

Jonathan fliegt mit dem Wissen nach Qaanaaq, dass dieser Ort eine tragische Geschichte hat. Die Amerikaner hatten ihn okkupiert und dort eine Air Base eingerichtet. Die ursprünglichen Bewohner waren zwangsumgesiedelt und nach dem Absturz des amerikanischen Bombers als billige Arbeitskräfte bei den anschließenden Aufräumarbeiten eingesetzt worden. Niemanden kümmerte es, dass sie dabei radioaktiv kontaminiert wurden. Qaanaaq wurde so ein sozialer Brennpunkt mit seelisch deformierten Menschen und entsprechender Mord- und Selbstmordrate, kombiniert mit sexuellem Missbrauch (S. 240). Jonathan realisiert, dass auch seine Mutter ein Opfer der damaligen Ereignisse gewesen sein muss. Er bedauert, dass er so wenig über ihr Leben weiß, und fragt sich, ob er in Qaanaaq wohl ihr Grab finden wird.

Das Eis schmilzt

Als sie über das Inlandeis fliegen, können sie die massiven Auswirkungen des Schmelzprozesses sehen. Sie beobachten ein Schlittengespann und Jonathan fragt sich, ob das einer der letzten Robbenjäger ist oder eine Attraktion für Touristen. Als sie schließlich in Qaanaaq landen, ist es zwar eiskalt, doch die Küste ist schneefrei.

Tour zum Inlandeis

Jonathan und Shary beziehen ein Zimmer im einzigen Hotel Qaanaaqs, wo sie sich ein Bett teilen. Shary rollt sich zusammen und schläft schnell ein, während Jonathan ungeduldig auf eine E-Mail von Gunnar Kleist wartet. Um Shary eine Freude zu machen, bucht Jonathan am nächsten Morgen zusammen mit einem dänischen Ehepaar eine Tour zum Inlandeis. In der Tat freut sich Shary sehr und als sie am Fjord entlangfahren, werden sie Zeuge, wie ein Gletscher dort als Folge der Erderwärmung auseinanderbricht. Es ist ein spektakuläres Schauspiel und Jonathan, Shary sowie die dänischen Touristen empfinden zugleich Ehrfurcht und Begeisterung.

Jonathan möchte das Grab seiner Mutter besuchen

In einem für Touristen errichteten Igludorf rasten sie. Shary fotografiert und lässt sich von Jonathan mit einer Bärenfellmütze ablichten, was ihn zum Lachen bringt. Mit einem Hundeschlitten fahren sie über das Eis und Jonathan muss an seine Schlittenfahrt mit Aqqaluk und dessen Onkel denken. Nach der Rückkehr in das Igludorf essen sie Fisch und Jonathan wird wehmütig: Er denkt an seine Mutter Evie Kristiansen und hätte gerne jetzt sofort ihr Grab gesucht.

Hamburg, Winter 2011

Lloyd hat über Jonathan Querido recherchieren lassen

Lloyd hat sich auf seiner Geburtstagsparty wieder beruhigt und fachsimpelt mit Architektenkollegen über die Bebauung des Hafengeländes und der Elbphilharmonie, die schon im Herbst 2024 in der Elbe untergehen wird. Jonathan, noch irritiert von Lloyds unwirschem Verhalten, zieht sich auf den Balkon zurück. Lloyd beordert Jonathan wieder ins Zimmer und gibt ihm Arbeit. Die Freunde lächeln ob dieser väterlichen Fürsorge. Manoli erzählt seiner Frau von dem merkwürdigen Verhalten Lloyds. Sie erwidert, dass beide – sowohl Lutz als auch der Junge – vor irgendetwas Angst hätten. Das Ehepaar beobachtet Lloyd, der sehr nervös wirkt.

Lloyd hat Angst um sich und Jonathan

Lloyd macht sich Gedanken über die Informationen, die er vor kurzem von einem Detektiv über den realen Jonathan Querido erhalten hat: Queridos Familie war 2009 bei einem verheerenden Taifun ums Leben gekommen. Recherchiert werden konnte außerdem, dass Jonathan Querido in Manila mit Cannabis und Aufputschmitteln aufgegriffen worden war. Die Polizei hielt ihn für einen Drogenkurier und nahm ihn in Haft, aus der er fliehen konnte. Danach hatte er auf der MS Alaska angeheuert. Vermutet wurde, dass Hintermänner des Drogenkartells ihm dabei geholfen hatten unter der Bedingung, dass er Drogen nach Europa schmuggeln sollte. Der Detektiv teilte Lloyd mit, dass sein Schützling wohl nichts mehr mit diesem Leben zu tun haben möchte und deshalb die MS Alaska verlassen hat. Außerdem warnte er Lloyd davor, dass diese Situation für beide gefährlich werden könnte. Alles das ist Lloyd jetzt bewusst und er fürchtet, dass diese Leute in Gestalt des Unbekannten an der Tür Jonathan Querido gefunden hatten.

Qaanaaq, Nordwestküste Grönlands, Sommer 2020

Jonathan findet das Grab seiner Mutter und erhält die Nachricht, dass sein Vater ermordet wurde

Jonathan und Shary, die darauf bestanden hatte, ihn zu begleiten, suchen auf dem Friedhof Qaanaaqs nach dem Grab von Evie Kristiansen, Pakkutaqs Mutter. Tatsächlich finden sie das Grab und Jonathan versucht, sich an die Fotografie seiner Mutter zu erinnern, doch es gelingt ihm nicht. Dann fällt ihm ein, dass sein Vater einst gesagt hatte, dass er eine große Ähnlichkeit mit seiner Mutter habe. Er fühlt Stolz in sich aufsteigen und begreift sich erstmals als Grönländer. Jonathan bekommt die ersehnte E-Mail von Gunnar Kleist mit dem Zeitungsartikel: Dieser ist aus dem *Hamburger Abendblatt* vom 20.12.2011 und mit „Ungeklärter Tod im Stadtpark" überschrieben (S. 254). Jonathan ist überrascht, da er einen Artikel im *Atuagagdliutit* erwartet hatte. Shary bemerkt seine Verwirrung und fragt ihn, ob er schlechte Nachrichten bekommen habe. Jonathan sagt ihr, dass sein Vater seit Jahren tot ist und dass er gerade erfahren habe, dass er in Deutschland gewesen war. Der Abschied vom Grab seiner Mutter fällt ihm schwer. Shary fotografiert ihn vor dem Grab und zusammen verlassen sie die Begräbnisstätte mit einem Abschiedsgruß.

Hamburg, Winter 2011

Es ist der Morgen nach Lloyds Geburtstagsfeier. Lloyd geht zur Bäckerei und fühlt sich beobachtet: Er vermutet, dass es der Fremde ist, der am Abend zuvor in die Wohnung eindringen wollte. Als er zu seiner Wohnung zurückkehrt, erblickt er den Mann, der eben an der Tür klingelt. Lloyd hatte allerdings die Klingel abgestellt, bevor er die Wohnung verließ. Der Fremde ruft „Pakkutaq! Pakkuuuuuu!" (S. 257) nach oben, was Lloyd nicht hört, da er sich in einer Drogerie versteckt hält. Lloyd wird wütend und entscheidet sich, den Fremden anzusprechen. Er geht auf den Mann zu, der in diesem Augenblick sein Vorhaben aufgibt und eine Kastanienallee hinabgeht.

Lloyd fühlt sich und sein Leben mit Jonathan von dem Fremden bedroht

Während Lloyd den Fremden verfolgt, wächst seine Wut auf den Mann immer mehr. Der Fremde geht zum Stadtpark, bleibt stehen, zündet sich eine Zigarette an, dreht sich plötzlich um und schaut Lloyd voller Hass an. Dieser lässt vor Schreck die Brötchentüte fallen. Als er sich bückt, um sie aufzuheben, wird er von dem Mann angegriffen. Beide Männer kämpfen miteinander. Als der Fremde, der körperlich unterlegen ist, Lloyd würgt, nimmt Lloyd dessen Kopf und schlägt ihn auf den Boden. Der Fremde liegt tot auf der Erde.

Lloyd tötet Peter Wildhausen

Qaanaaq, Nordwestküste Grönlands, Sommer 2020

Jonathan liest den Artikel im *Hamburger Abendblatt*. Darin steht, dass ein 41-jähriger Deutscher, der aus Grönland zurückgekehrt war, am 15. Dezember im Hamburger Stadtpark ermordet aufgefunden wurde und dass eine Beziehungstat vermutet wird. Jonathan kann es nicht fassen. Er fragt sich, ob Gunnar Kleist ihm etwas vorgaukelt und ob der Tote überhaupt sein Vater war. Er schaut zu Shary hin, die ihn fragt, ob alles in Ordnung ist. Er bittet sie noch um etwas Geduld, dann ruft er Gunnar Kleist an. Dieser übernimmt sofort die Kontrolle über das Gespräch und setzt Pakkutaq darüber

Pakkutaq erfährt aus der Zeitung von der Ermordung seines Vaters in Kenntnis, dass er Peter Wildhausen, der nicht mehr in Grönland bleiben wollte, das Flugticket nach Hamburg gekauft hatte. Dann sagt er Pakkutaq klipp und klar, dass er ihn nicht mehr anrufen soll. Jonathan ist irritiert. Die Irritation löst sich auf, als er realisiert, dass der 13. Dezember 2011 der Todestag seines Vaters ist. An diesem Tag war er von Lloyd weggeschickt worden – ohne zu wissen warum. Jetzt werden Jonathan die Zusammenhänge langsam klar.

Hamburg, Winter 2011

Lloyd bringt Jonathan zu einer Steinmetzschule

Jonathan erwacht aus einem Traum von seinem Vater. Er steht auf und hört Lloyd im Arbeitszimmer telefonieren: Dessen Stimme klingt gleichzeitig bittend und gequält, so dass Jonathan stehen bleibt und lauscht. Er hört, dass Lloyd seinem Gesprächspartner einen großen Geldbetrag zahlen will, wenn dieser Jonathan in den laufenden Betrieb aufnähme, trotz fehlender Zeugnisse. Der Gesprächspartner sagt zu. Lloyd verlässt das Zimmer und sieht sehr schlecht aus. Jonathan eröffnet er, dass er ihn zu einer in Niedersachsen gelegenen Steinmetzschule mit angeschlossenem Internat bringen wird, wo er bereits erwartet wird. Auf die Frage Jonathans, warum er ihn nicht gefragt habe, antwortet Lloyd, dass es ein überraschendes Angebot gewesen sei. Dann fordert er Jonathan auf zu packen. Auf der Autofahrt zum Internat sind beide sehr angespannt und Jonathan blättert durch einen Prospekt der Ausbildungsstätte. Gegen seinen Willen entwickelt er Interesse. Er fühlt sich von Lloyd verraten und nimmt sich vor, ein guter Steinmetz zu werden und nicht mehr zurückzuschauen.

Lloyd verschwindet aus Jonathans Leben

Nuuk, Grönland, Sommer 2020

Pakkutaq versieht das Grab von Jonathan Querido mit dessen Namen

Jonathan und Shary sind wieder zurück in Nuuk. Am nächsten Tag wollen sie mit der MS Alaska wieder zurück nach Hamburg reisen. Shary plante, noch essen gehen. Stattdessen gingen sie ins Kino und anschließend zurück ins Hotel, wo Shary nun schläft, während Jonathan wacht. Er fragt sich, ob er in Hamburg sein altes Leben so fortführen kann. Er spürt, dass er einen wesentlichen Schritt noch nicht getan hat, und so verabschiedet er sich am frühen Morgen von einer schlaftrunkenen Shary, nimmt die Steinmetzwerkzeuge, geht zum Friedhof Nuuks und sucht das Grab des von ihm getöteten Jonathan Querido auf. Er schlägt den Namen „Pakkutaq Wildhausen" aus dem Grabstein heraus und ersetzt ihn durch „Jonathan Querido. Geboren 1994, gestorben 2011" (S. 270). Danach hat er das Gefühl, dem Toten seinen Namen zurückgegeben zu haben.

Jonathan trifft Maalia wieder

Jonathan kehrt zu einer erleichterten Shary ins Hotel zurück, die schon angenommen hatte, dass Jonathan für immer verschwunden sei. Nachdem beide gepackt haben, gehen sie zum Hafen, wo bereits die MS Alaska festgemacht hat. Als sie die Gangway betreten wollen, ruft eine Frauenstimme „Pakku!" (S. 272). Es ist Maalia. Widersprüchliche Erinnerungen wallen in Jonathan auf. Maalia scheint sich darüber zu amüsieren und versichert ihm, dass sie sich nur von ihm verabschieden möchte. Dabei spricht sie ihn mit „Pakkutaq" an, was Shary irritiert. Shary lässt die beiden allein und geht an Bord. Maalia erzählt u. a., dass sie mit Angaju eine Tochter namens Avaaruna hat und seit vier Jahren verheiratet ist. Sie verabschiedet sich mit einem flüchtigen Kuss von Pakku, nicht ohne zu prophezeien, dass er wiederkommen werde. Jonathan beeilt sich, an Deck der MS Alaska zu kommen. Er freut sich auf die Rückreise zusammen mit Shary, der er seine Geschichte, „die Geschichte von Pakkutaq Wildhausen (...) und von Jonathan Querido" (S. 275) erzählen will.

MS Alaska, Südwestküste Grönlands, Sommer 2025

2025: Erneut auf der MS Alaska

Pakkutaq sitzt an Deck auf einem Liegestuhl, nachdem er in der Kabine gegen einen der inzwischen seltenen Panikanfälle gekämpft hatte. Shary kommt zu ihm und übergibt ihm den gemeinsamen Sohn Minik. Mit dem Baby auf dem Bauch denkt Pakkutaq an die damalige Zeit nach seiner Rückkehr nach Hamburg.

Pakkutaq und Shary haben einen Sohn

Pakkutaq hatte an Bord der MS Alaska Shary seine Geschichte erzählt und war in Hamburg anschließend zur Polizei gegangen, um sich zu stellen. In einem Prozess wegen Totschlags wurde er dann zu einer Haftstrafe auf Bewährung verurteilt. Er hat nun einen neuen Ausweis mit seinem richtigen Namen „Pakkutaq Wildhausen". (S. 277) 2024 heirateten er und Shary. Den Namen Lloyds erwähnte Pakkutaq der Polizei gegenüber nicht. Lloyd und er waren sich nicht wieder begegnet und aus der Zeitung erfuhr Pakkutaq, dass Lloyd inzwischen in Berlin lebt und zusammen mit einem Partner ein erfolgreiches Architekturbüro betreibt.

Vorfreude auf die grönländischen Freunde

Pakkutaq geht mit dem Kind auf den Arm an die Reling und sagt ihm, dass sie vielleicht von seinen Freunden erwartet werden und dass er die Grönländer wohl nie verstehen werde. Shary kommt hinzu und zusammen schaut die Kleinfamilie auf die olivgrüne Küste Grönlands.

3.3 Aufbau

ZUSAMMEN-FASSUNG

Der Roman ist aus zwei parallelen Erzählsträngen aufgebaut:

- → Erzählstrang I ist in der Ich-Form gehalten[9] und umfasst die Ereignisse in den Jahren 2011 bis 2020.
- → Erzählstrang II ist in Er-Form gehalten und umfasst die Ereignisse im Jahr 2020.

Ein Epilog, der den erzählerischen Abschluss des Romans bildet, schildert die Ereignisse im Zeitraum 2020 bis 2025.

Zwei Erzählstränge

Die Autorin Cornelia Franz erzählt ihren Roman *Ins Nordlicht blicken* nicht chronologisch, die zeitliche Ordnung der Ereignisfolge ist umgestellt. Der Roman setzt unvermittelt ein (in medias res) mit der Darstellung des Panikanfalls Jonathan Queridos auf der MS Alaska im Jahr 2020. Mittels Rückwendung (Analepse) führt die Erzählung zu den Ereignissen des Jahres 2011, die Ausgangspunkt der Romanhandlung sind. Mit der Rückwendung wird ein Ereignis nachträglich dargestellt, das zu einem früheren Zeitpunkt stattgefunden hat als dem, bei dem sich die Erzählung gegenwärtig befindet. Zusammenfassend kann gesagt werden, dass der Erzählstrang II die gegenwärtige Romanhandlung umfasst und der Erzählstrang I die zu einem früheren Zeitpunkt stattgefundene Romanhandlung darstellt.

Mittels Vorausdeutung (Prolepse) wird auf Ereignisse verwiesen, die außerhalb der eigentlichen Romanhandlung liegen, aber Teil der Erzählung sind. Die hier vorliegende Vorausdeutung sind

9 Zu Erzählform siehe Kapitel 3.6, Stil und Sprache, Erzählform und Erzählverhalten.

Ereignisse, die im letzten Kapitel des Romans (Epilog) erzählt werden, also die des Jahres 2025.

In insgesamt 48 Kapiteln verschachtelt die Autorin die Erzählhandlung, die sich auch chronologisch wiedergeben lässt (vgl. Zusammenfassung Kapitel 3.2 dieses Bandes). Jeweils abwechselnd geben 24 Kapitel die Ereignisse des Jahres 2020 (Schiffsreise und Reise in Grönland) und 23 Kapitel die Ereignisse des entscheidenden Jahres 2011 (Pakkus Leben auf Grönland, seine Flucht und Leben in Hamburg bei Lloyd) wieder. Das 48. Kapitel (Epilog) spielt im Jahr 2025 und schließt die bisherige Handlung ab.

Zwei Namen – eine Person

Für den Leser irritierend ist zu Beginn des Romans die Verwendung der Namen der Hauptperson(en) Pakkutaq Wildhausen und Jonathan Querido; geht man doch anfangs berechtigterweise davon aus, dass es sich um zwei verschiedene Personen handelt. Erst mit Fortschreiten des Romans verdichten sich die Hinweise immer mehr, dass es sich nur um eine Hauptperson mit zwei Namen handelt und dass die beiden Erzählstränge zum Lebenslauf einer Person gehören. Erst im letzten Kapitel von Erzählstrang II (S. 268 ff.) wird es auch für Shary Enoksen zur Gewissheit, dass Jonathan Querido und Pakkutaq Wildhausen ein und dieselbe Person sind: Maalia nennt Jonathan „Pakku" (S. 272) und Jonathan/Pakku beschließt, ihr sein gesamtes Leben zu erzählen.

Klimawandel

Zudem hat die Autorin ihre Puzzleteile der einzelnen Kapitel so arrangiert, dass sie thematisch zusammenpassen, wenn auch Jahre dazwischen liegen. Thematisch nimmt der Klimawandel im Roman ebenfalls einen breiten Raum ein und ist effektiv in die beiden Erzählstränge integriert. Genau wie sich die Person Pakkutaq Wildhausen zu Jonathan Querido entwickelt, entwickelt sich das wenig gastfreundliche, eisbedeckte Grönland von Pakkus Jugend (2011) durch den fortschreitenden Klimawandel zu einer grünen, von Touristen bevölkerten Insel, die industriell ausgebeutet wird (2020) (vgl. Kapitel 3.7).

ERZÄHLSTRANG I 2011: RÜCKWENDUNGEN	ERZÄHLSTRANG II 2020: ERZÄHLERISCHE GEGENWART	EPILOG 2020–2025
Das Leben Pakkutaq Wildhausens auf Grönland. Seine Unzufriedenheit und Fluchtpläne. Wildhausen als blinder Passagier auf der MS Alaska auf dem Weg nach Hamburg: Ermordung Jonathan Queridos durch Pakkutaq Wildhausen, der dessen Identität annimmt.	Schiffsreise Pakkutaq Wildhausens (als Jonathan Querido) nach Grönland. Bekanntschaft und Beziehungsentwicklung mit Shary Enoksen. Auffinden des Grabes auf dem Friedhof von Nuuk. Suche nach dem Vater. Wiedertreffen von Freunden, denen er von den Ereignissen auf der MS Alaska 2011 berichtet. Besuch des Grabes der Mutter. Erfährt vom Tod seines Vaters. Rückkehr mit Shary Enoksen nach Hamburg.	Selbstanzeige Pakkutaq Wildhausens: Bewährungsstrafe. Familiengründung mit Shary Enoksen. Reise nach Grönland: Vorfreude auf Freunde und Grönland.

3.4 Personenkonstellation und Charakteristiken

ZUSAMMENFASSUNG

Die Figuren des Romans:

Pakkutaq Wildhausen

→ auf der Suche nach sich selbst und seiner Vergangenheit

→ erschlägt den Schiffsjungen Jonathan Querido und schlüpft in dessen Identität

Peter Wildhausen

→ Pakkutaqs Vater, Alkoholiker

→ wird von Lloyd erschlagen

Shary Enoksen

→ hilft Pakku (alias: Jonathan), sein Leben neu zu ordnen

→ heiratet Pakkutaq

Lloyd

→ Architekt und Pakkutaqs väterlicher Freund

→ tötet irrtümlich Peter Wildhausen

Aqqaluk

→ Pakkutaqs bester Freund

→ hilft ihm bei der Flucht von Grönland

Maalia

→ in Pakkutaq Wildhausen verliebt, hilft bei seiner Flucht

Weitere Personen:
Spider, Angaju, Sven Kristiansen, Jonathan Querido, Gunnar und Ingvar Kleist, Grönemeyer, Mikael Aariak u. a.

Pakkutaq Wildhausen

Pakkutaq Wildhausen ist der Sohn des Deutschen Peter Wildhausen und der Inuk Evie Kristiansen. Seine Mutter Evie war heroinabhängig (S. 144) und kurz nach seiner Geburt 1994 gestorben. „Sie hat Drogen genommen, obwohl sie ein Baby hatte? (…) Was für eine Scheiße!“ (S. 144), bringt es Shary auf den Punkt. Und im tiefsten Innern ist auch Pakkutaq von der Tat, die „er selbst nicht begriff“ (S. 144), enttäuscht. Seine Mutter ist die erste Vertraute, die ihn praktisch im Stich lässt.

Mutter stirbt an Überdosis

Pakkus Vater brachte das Baby dann nach Dannenberg zu seiner eigenen Mutter, wo Pakku bis zum plötzlichen Tod der Großmutter 2003 aufwuchs. Doch auch die Großmutter verschwindet von einem Moment auf den anderen, nicht einmal an ihrer Beerdigung kann Pakkutaq teilnehmen. Nach einem kurzen Aufenthalt bei Verwandten in Hamburg übersiedelt er ebenfalls 2003 zu seinem Vater nach Grönland. Pakkutaq fällt es schwer, sich von seinem Leben in Deutschland zu verabschieden, doch er freut sich ungemein auf seinen unbekannten Vater: „Es hatte mich bedrückt, alles zurückzulassen, was bisher mein Leben gewesen war. Aber ich hatte es gegen etwas Neues, etwas Großes eingetauscht – ich würde bei meinem Vater leben!“ (S. 72)

Vater bringt Kind nach Deutschland zur Oma

Das neue Leben macht Pakkutaq im wahrsten Sinne des Wortes sprachlos, denn erst einmal spricht er – auch wegen der fehlenden Sprachkenntnis – nicht: „Das ganze erste Schuljahr in Nuuk hatte ich kein einziges Wort gesagt.“ (S. 27) Überhaupt ist Pakku-

Lernt erst mit neun Jahren Dänisch und Grönländisch

taq Wildhausen ein wenig gesprächiger Mensch, so lautet seine Selbstauskunft: „Die einzigen Fächer, in denen ich geglänzt hatte, waren die, in denen man nicht reden musste." (S. 27) Mit seiner Schweigsamkeit stürzt er später seinen Mentor Lloyd ins Unglück und macht sich mitverantwortlich für den Tod seines Vaters. Auch noch 2020 zeigt Wildhausen diesen unangenehmen Charakterzug, so in einer Situation mit der sich in ihn verliebenden Shary Enoksen: „Erstaunlich, dass sie sich überhaupt auf so einen maulfaulen Typen wie ihn einließ." (S. 94)

Deprimierendes Leben in Grönland

2011 ist Pakkutaq Wildhausen 17 Jahre alt, hat einen schlechten Schulabschluss und lebt unter sehr belastenden Bedingungen. Sein Vater ist Alkoholiker, entsprechend sind die häuslichen Verhältnisse:

> „Die Küche war unser gemeinsames Wohnzimmer, der Ort, an dem wir uns täglich begegneten, so gemütlich wie eine Abstellkammer. Spülmaschine, Kühlschrank, Regale mit einem Sammelsurium an Geschirr und Werkzeug, ein wackeliger Campingtisch, zwei Stühle und ein Stapel Bierkisten mit leeren Flaschen, in denen der Schimmel blühte." (S. 61)

Spagat zwischen Deutschland und Grönland: Einsamkeit

Zudem wird Pakkutaq von seinem Vater mit unrealistischen Ideen traktiert, so soll er 2011 auf Grönland Bienen züchten.

Pakkutaq ist angewidert von den häuslichen Bedingungen, er ist angeödet von seinem Job – Krabbenpuler bei Sven Kristiansen –, den er nur mit Alkohol erträgt: „Aber ich selbst hielt es keinen Vormittag ohne Bier aus. Schon gar nicht an diesem Fließband (...). Ohne Bier stand ich das keine sechs Stunden durch." (S. 43) Er fühlt sich abgrundtief einsam: „Es gab niemanden, zu dem ich gehörte, niemanden, der so war wie ich. Eigentlich hätte es mich nicht geben sollen." (S. 73)

Sein größter Wunsch ist, Grönland zu verlassen und in einer Metropole zu leben. Als sich ihm die Möglichkeit bietet, lässt er sich als blinder Passagier auf das Kreuzfahrtschiff MS Alaska mit Ziel Hamburg schmuggeln. In Hamburg will er sich mit einem gewissen Spider treffen, seinem virtuellen Backgammonpartner. Auf dem Schiff wird Wildhausen jedoch von dem philippinischen Schiffsjungen Jonathan Querido entdeckt, der droht, ihn zu verraten. Pakkutaq sieht seinen Traum von einem besseren Leben zerplatzen. Er erschlägt Jonathan Querido im Affekt, wirft die Leiche ins Meer und nimmt dessen Identität an.

Tötet einen Menschen

In Hamburg wird Pakkutaq Wildhausen von dem wohlhabenden Architekten Lloyd aufgelesen und lässt sich von ihm aushalten: „Ihm war es … egal, dass Lloyd alles für ihn bezahlte“ (S. 236). Mit den üblichen Vorurteilen gegen homosexuelle Männer ausgestattet, erwartet Pakkutaq, von Lloyd missbraucht zu werden – was zu seiner Überraschung jedoch nicht geschieht. Über sein Vorleben lässt der 17-Jährige den Mann, der ihm Gutes tut, im Unklaren und stürzt so sowohl Lloyd als auch seinen eigenen Vater ins Unglück: Lloyd erschlägt Pakkutaqs Vater. Aber auch für Pakkutaq ist es ein Unglück, als Lloyd ihm eröffnet, dass er sofort seine Sachen packen soll, weil er ihn im Internat angemeldet hat. „Lloyd würde sich ohne Erklärung von ihm verabschieden, würde sich verpissen, so wie Spider und so wie seine Großmutter damals.“ (S. 267)

Hamburg: Sorgloser Unterschlupf bei Lloyd

Seinem Gönner Lloyd verdankt Pakkutaq aber dann seine Ausbildung zum Steinmetz, die er erfolgreich abschließt. 2018 gewinnt Pakkutaq einen internationalen Wettbewerb und ein Preisgeld von 5.000 €. Dieses Geld investiert er in eine für 2019 geplante Reise mit der MS Alaska nach New York. 2019 versinkt New York allerdings im Meer. Das neue Reiseziel der MS Alaska lautet 2020 nun Grönland. Wildhausen hält dies für eine Fügung und storniert die Reise nicht. Im Roman heißt es:

2020: Rückkehr nach Grönland

„Wie kindisch war es zu glauben, dass das alles kein Zufall war: der Prospekt mit dem Bild der Alaska, die fünftausend Euro, die Änderung der Reiseroute. Vielleicht sollte er nach Grönland fahren, hatte er gedacht. Vielleicht musste das so sein." (S. 38)

Traumatisiert: Angst vor der Vergangenheit und vor Grönland

2020 ist Pakkutaq Wildhausen 26 Jahre alt und lebt immer noch mit der falschen Identität „Jonathan Querido". Er ist stark traumatisiert: als Passagier der MS Alaska auf dem Weg nach Grönland treiben ihn nachts Panikanfälle aus dem Bett. Außerdem hat er Angst vor der Konfrontation mit seiner Vergangenheit, die er jedoch zugleich sucht. Das Wissen um seine Vergangenheit und seine Tat hält ihn davon ab, sich auf das Werben Shary Enoksens einzulassen: „Um nichts in der Welt war er jetzt in der Stimmung, sich auf eine Frau einzulassen" (S. 25) Und trotz aller guten Vorsätze hat er Angst vor der Konfrontation mit seinem Vater.

Reise nach Grönland ist Reise zu sich selbst

Während Pakku vorher noch unentschlossen war, ob er sich wirklich seiner Vergangenheit stellen soll, ändert sich alles, als er durch einen Zufall auf dem Friedhof von Nuuk ein Grab mit seinem Namen entdeckt und er realisiert, dass er für tot gehalten wird. Außerdem wird ihm klar, was er seinem Vater angetan hat. Er will ihm sagen, dass er lebt, und macht sich auf die Suche nach seinem Vater. Diese Suche wird eine Reise in seine eigene Vergangenheit und letztlich zu sich selbst. Unterstützung erhält Pakkutaq durch Shary, auf die er sich langsam einlassen kann, auch wenn es anfangs schwierig ist für ihn.

Außenseiter

Die Suche nach seinem Vater ist eine Reise zu seinen Wurzeln. Er findet auch Zugang zu seiner verstorbenen Mutter, von der er sich wegen ihres frühen Herointodes auf eine gewisse Weise verraten fühlte. An ihrem Grab stehend ist er ihr nahe und söhnt sich auch mit seiner Herkunft aus, die ihm bisher Schwierigkeiten bereitet hatte. In Dannenberg bei seiner Großmutter war er aufgrund seines Aussehens ein Außenseiter (S. 73 f.), in Grönland fühlte er sich aber wegen seiner fehlenden Sozialisation, wegen seiner Kindheit in Deutschland ebenfalls als Außenseiter. Ist es Zufall, dass sein virtueller Spielpartner Spider aus Deutschland ist? Pakkutaq lehnt alles „Grönländische" ab. Zu fremd erscheint ihm diese Welt als 17-Jährigem und er wünscht sich nichts mehr, als dieser ihm immer noch fremden Welt und seinem Vater endlich wieder den Rücken zu kehren. Aus diesem Grund kann er sich auch nicht auf Maalias körperliche Annäherung einlassen (S. 57), obwohl er sie anziehend findet: „Ich wollte nichts von Maalia, keinen Sex, keine Liebe, kein Nordlicht, gar nichts. Ich wollte nicht für immer hierbleiben, so wie mein Vater." (S. 58) Am Grab seiner Mutter bekennt sich Pakkutaq erstmals zu seinen grönländischen Wurzeln: „Er war der Sohn dieser Frau, die hier begraben lag. Er war Grönländer. Neun Jahre lang hatte er versucht, das zu vergessen. Aber es war ihm nicht gelungen und das war richtig so." (S. 254) Nach langem Suchen erfährt Pakku vom Tod seines Vaters und den damit verbundenen Umständen. Diese entsetzen ihn zwar, doch er hat endlich Gewissheit über den Verbleib seines alkoholkranken Vaters.

Pakkutaq Wildhausen durchläuft eine Entwicklung

Als er schließlich zusammen mit Shary Grönland verlässt, hat er seinem einstigen besten Freund von den Geschehnissen auf der MS Alaska berichtet: Aqqaluk. Er gab Pakkutaq in dieser grönländischen Fremde immer Halt (vgl. S. 27) – was ihm sein Vater nicht geben konnte. Pakku hatte bei seiner Flucht Maalia und Aqqaluk versprochen, sich zu melden (S. 139), und dieses Versprechen nicht eingelöst. Das und die vergangenen neun Jahre stehen zwischen ihm und Aqqaluk, als sie sich in Nanortalik überraschend treffen: In der Natur können sie endlich über alles reden (S. 187 ff.) und Pakkutaq kann schließlich Frieden schließen.

Zurück in Hamburg reagiert Pakkutaq nicht mehr nur, sondern er agiert. Er initiiert eine Selbstanzeige und tritt eine Strafe an.

Nach deren Verbüßung heiratet er Shary, zusammen bekommen sie den Sohn Minik. Pakkutaq Wildhausen hat eine Entwicklung durchlaufen. War er zu Beginn ein von Ängsten getriebener Mensch, ist er am Ende des Romans eine reife Persönlichkeit und in der Lage, Verantwortung zu übernehmen.[10]

Peter Wildhausen

Deprimiert über den Verlust seiner Frau

Peter Wildhausen ist Pakkutaqs Vater. Ursprünglich stammt er aus Dannenberg. Als junger Mann war er „auf der Suche nach dem großen Abenteuer nach Grönland gekommen" (S. 144), um dort zu klettern. Zwar hatte er feststellen müssen, dass „man nicht einfach in Turnschuhen eine Eiswand hochsteigen kann" (S. 144), doch er verliebte sich in die Inuk Evie Kristiansen, heiratete sie und bekam mit ihr Pakkutaq. Kurz nach dessen Geburt 1994 starb die junge Frau an einer Überdosis Heroin, wofür Wildhausen die auf Grönland stationierten amerikanischen Soldaten verantwortlich macht und seitdem alles Amerikanische abgrundtief hasst (S. 232). Im Roman heißt es: „Scheißamis pflegte er sie zu nennen. Scheißamis, die glauben, dass ihnen die Welt gehört." (S. 116)

Alkoholiker

Den Tod Evie Kristiansens hat Peter Wildhausen nie verwunden, 2011 ist er Alkoholiker. Zwar versucht er im Frühjahr eines jeden Jahres einen kalten Entzug, doch dieser bleibt regelmäßig erfolglos. Pakkutaq beschreibt die Methodik seines Vaters so:

> „Das hieß, er rannte stundenlang ohne Mütze und mit einer viel zu dünnen Jacke durch die vom Schnee und Eis befreite Landschaft, bis er nicht mehr konnte, kam bester Laune nach Hause und kippte dann erschöpft auf sein Bett. Drei, vier Tage machte er das so, dann war sein Akku leer. In einem letzten Aufbäumen

---

10 Siehe auch Kapitel 3.7, Interpretationsansätze: *Ins Nordlicht blicken* als Entwicklungsroman.

gegen den Durst schloss er sich in seinem Zimmer ein, hustete und schimpfte und trampelte wie ein gefangenes Tier auf und ab und begann mit dem Gebrüll." (S.14 f.)

Vision: Imkerei

In Verbindung mit seinem Alkoholabusus entwickelt Peter Wildhausen abstruse Ideen, mit denen er dann seinen Sohn traktiert. Auf Grönland des Jahres 2011 will er visionär eine Imkerei betreiben. Dieses Vorhaben wird zu seiner Obsession, für die er 2011 nur Hohn und Spott erntet: Und im Jahr 2020 hat sich diese Vision durch den Klimawandel tatsächlich realisiert (S. 155).

Seinen Lebensunterhalt verdient Wildhausen 2011 als Kassierer in einem Supermarkt. Dort stiehlt er Lebensmittel und Wodka, den er sich sonst nicht leisten könnte. Pakkutaq betrachtet seinen Vater ganz unsentimental: „Und mein Vater? Mann, er war erst vierzig, aber er hatte sein Leben gelebt und hatte aufgegeben, noch etwas anderes daraus zu machen, egal, wie viele tolle Ideen er noch ausbrüten würde." (S. 62) Für seinen Sohn ist Peter Wildhausen eine Enttäuschung und wird von ihm unvermittelt, ohne jede Vorwarnung verlassen. Wildhausen sucht verzweifelt nach Pakku. Nachdem er die vermeintliche Leiche seines Sohnes identifiziert hat, bricht er vollkommen zusammen, wie Aqqaluk zu berichten weiß: „Dein Vater ist danach völlig abgestürzt. Dein Tod hat ihn ziemlich mitgenommen, vor allem die Identifizierung deiner Leiche." (S. 182)

Ermordung in Hamburg

Peter Wildhausen verlässt Nuuk, lebt etwa sechs Monate im Süden Grönlands und fasst schließlich den Entschluss, die Insel zu verlassen. Mit der finanziellen Unterstützung Gunnar Kleists fliegt er nach Hamburg. Sein Tod ist keine Folge seines Alkoholabusus, sondern eines schrecklichen Irrtums. Im Dezember 2011 entdeckt er in einer Zeitung ein Bild seines Sohnes zusammen mit Lloyd. Er recherchiert die Wohnung des Mannes und versucht dort einzudringen, was misslingt. Am Tag darauf wird er im Stadtpark von Lloyd, der ihn für einen gefährlichen Verfolger Pakkutaqs aus Drogenkreisen hält, umgebracht. Peter Wildhausen ist die tragische Figur des Romans.

Shary Enoksen

Shary reist als Touristin nach Grönland

Shary Enoksen ist Inuk, lebt in Kopenhagen und ist im gleichen Alter wie Pakkutaq (S. 8). Ihm stellt sie so vor: „Meine Eltern stammen aus Sisimiut, aber sie sind nach Kopenhagen gezogen, als ich vier Jahre alt war. Ich kenne das Land nicht, in dem ich geboren wurde." (S. 46) Wie Pakku reist auch Shary auf der MS Alaska nach Grönland. Die Reise ist ein Geschenk ihrer Eltern zum 25. Geburtstag, wie sie sagt, „damit ich das Eis zu sehen bekomme, bevor es endgültig schmilzt" (S. 46). Die Reise in ihre Heimat genießt sie als Touristin, die grönländische Natur und eine Hundeschlittenfahrt bereiten ihr größtes Vergnügen (vgl. S. 243 ff.).

Findet sofort Gefallen an Pakkutaq

Shary ist selbstbewusst und flirtet offensiv mit Pakkutaq – den sie bis zum Ende nur als Jonathan kennt –, und verschreckt ihn damit zu Beginn ihres Kennenlernens. Außerdem ist sie eine klare, entschiedene Frau. Sie fragt Pakkutaq beispielsweise ganz direkt nach seiner Herkunft oder ob er in Nuuk erwartet werde. Nach dem Anlegen in Nuuk will sie das Schiff verlassen und sich einer Wandergruppe anschließen, doch sie rutscht in der Dusche aus, verletzt sich am Fuß und muss in Nuuk bleiben. Dies und der Umstand, dass Pakkutaq Wildhausen plötzlich seine Sympathie für sie entdeckt, führt dazu, dass sie seine Begleiterin bei der Suche nach Pakkus Vater wird – obwohl Pakkutaq sie auch immer wieder zurückweist und sich in seinen Panzer zurückzieht.

Mitfühlend und souverän

Shary Enoksen ist eine einfühlsame und souveräne junge Frau. Sie ist dabei, als Pakkutaq Wildhausen auf dem Friedhof auf das Grab mit seinem Namen stößt und große Erschütterung zeigt, wobei sie sich sehr taktvoll verhält: „Als sie weitergingen und den Friedhof hinter sich ließen, nahm Shary wie selbstverständlich Jonathans Hand.“ (S. 88) Nach ihrem gescheiterten Versuch, Pakkutaq zu verführen, ist sie zwar etwas verunsichert, aber sie bietet ihm ganz rational an, sich zurückzuziehen: „Du brauchst dich nicht vor mir auf dem Klo zu verstecken. Ich kann dich absolut in Ruhe lassen, wenn du willst.“ (S. 215) Trotz anfänglicher Irritationen ist sie für Pakkutaq Wildhausen eine Stütze und hilft ihm, sein Leben zu ordnen – auch nachdem sie die Wahrheit über seine Identität und seinen Totschlag erfahren hat: „Komm, Pakkutaq oder wie immer du heißen magst (…) ich weiß, wie wir die bösen Geister verjagen können, die hier vielleicht noch herumspuken.“ (S. 278) Im Jahr 2024 heiratet sie ihn und bekommt mit ihm den Sohn Minik.

Aqqaluk

Aqqaluk ist Inuk und der jüngere Bruder Angajus. Im Gegensatz zu seinem Bruder macht er sich wenig aus dem ursprünglichen Leben seiner Vorfahren. Äußern sich sein Bruder oder sein Vater positiv über die traditionelle Lebensweise, reagiert Aqqaluk mit Spott. So schlägt er seinem Bruder vor, „in den Norden [zu] gehen und einen auf Robbenjäger“ zu machen (S. 54 f.).

Bruder von Angaju

Aqqaluk ist der beste Freund Pakkutaq Wildhausens, allerdings gehört er nicht immer zu den Zuverlässigsten, wie es gleich zu Beginn des Romans heißt: „Ich setzte mich in meine Stammecke an den roten Plastiktisch (…) und wartete auf Aqqaluk. Wir hatten uns für ein zweites Frühstück verabredet, aber wie so oft tauchte er nicht auf.“ (S. 12)

Bester Freund Pakkutaq Wildhausens

Nach Pakkutaqs Übersiedlung auf Grönland war Aqqaluk derjenige, der sich um ihn kümmerte. Nebeneinander in derselben Klasse sitzend, holte er den Neunjährigen aus seiner Einsamkeit, indem er ihm „alle fünf Minuten freundlich zulächelte“ (S. 27) und ihn auch sonst unterstützte. Acht Jahre später sind sie immer noch befreundet und Arbeitskollegen, denn auch Aqqaluk arbeitet für Sven Kristiansen als Krabbenpuler. Er ist es auch, der Pakkutaq mit Maalias Hilfe an Bord der MS Alaska schmuggelt.

Belügt Pakkus Vater

Nach dem Verschwinden Pakkutaqs kommt auch Aqqaluks Leben aus dem Tritt. Er gaukelt Pakkus verzweifeltem Vater Unwissenheit vor und bietet ihm scheinheilig an, bei der Suche zu helfen. Immerhin fühlt er sich dabei nicht gut: „Er erzählte von dem schlechten Gewissen, das er gehabt hatte, weil er Jonathans Vater nicht die Wahrheit gesagt hatte und sogar vorgab, ihm bei der Suche nach Pakku zu helfen (...).“ (S. 187)

Zusammen mit Sven Kristiansen erpresst er schließlich den Küchenmanager Grönemeyer:

> „Und darauf war es hinausgelaufen: Als die MS Alaska das nächste Mal im Hafen von Nuuk lag, hatte Aqqaluk, der inzwischen voll bei Svens illegalen Krabbentouren eingeführt war, Grönemeyer auf seine Tat angesprochen. Natürlich hatte dieser alles bestritten, woraufhin ihm Aqqaluk die Aufnahme von Svens Mailbox vorgespielt hatte.“ (S. 188)

Tiefe Schuldgefühle

Von dem erpressten Geld kaufte sich Aqqaluk Drogen, mit denen er sich „fast das Gehirn weggepustet“ hat (S. 189). Dann wechselt er die Einnahmequelle, indem er nun Kristiansen erpresst, und lässt sich von diesem als Restaurantkontrolleur anstellen. Diese Position gefällt ihm sehr gut, aber auch hier spricht er – wie schon früher – dem Alkohol zu. Dieses Verhalten Aqqaluks entspringt aber nicht moralischer Verkommenheit, sondern aus tiefen Schuldgefühlen und ausgeprägtem Selbsthass. Als er vom vermeintlichen Tod des Freundes hört, leidet er sehr und wirft sich vor, für dessen Tod verantwortlich zu sein:

> „Ich war so voller Hass auf diesen Mann, der dich umgebracht hat. Und voller Hass auf mich selbst, weil ich mitgemacht habe bei deiner idiotischen Flucht. Und dann habe ich mich gehasst, weil ich deinen Tod ausgenutzt habe, weißt du das, Pakku?" (S. 184)

Tiefe Freundschaft

Nachdem er Pakkutaq von seinen Gefühlen erzählen konnte, ist er wieder der fürsorgliche Freund. Er versucht Pakkutaq davon zu überzeugen, dass es sich bei dem Geschehen auf der MS Alaska um Totschlag und nicht um vorsätzlichen Mord handelt. Wie in Kinder- und Jugendtagen finden beide Trost in der Natur. Und auch später ist Aqqaluk Pakkutaqs Freund, wenn dieser im Jahr 2025 wieder nach Grönland reist (S. 279).

Lloyd

Schwuler Intellektueller

Lloyd ist ein in Hamburg lebender, wohlhabender Architekt. Er bewegt sich in Intellektuellenzirkeln und ist homosexuell: „Lloyds Freunde benahmen sich ganz und gar nicht so, wie er [Pakkutaq] sich Schwule vorgestellt hatte. Sie sahen einfach nur aus wie Leute, die ziemlich viel Geld und keine Probleme hatten." (S. 234) Der erfolgreiche Mann sieht sich als weltgewandter Hanseat, weshalb er sich wohl „Lloyd" nennen lässt, und verschweigt seine eigentlichen Vornamens Lutz, der für ihn wie eine „Hundefuttermarke" (S. 237) klingt.

Väterlicher Freund

Lloyd liest Pakkutaq Wildhausen im Hamburger Schachcafé auf, bezahlt ihm erst einmal ein Essen und nimmt ihn mit zu sich nach Hause, wo er ihn übernachten lässt. Zunächst spielt er mit dem Gedanken, Pakkutaq zu seinem Liebhaber zu machen. Als er dessen Alter erfährt und die tiefe Traurigkeit des Jungen spürt, nimmt der kultivierte Mann Abstand davon und wählt die Rolle des fürsorglichen Freundes:

> „Nur in den ersten Tagen (...) hatte Lloyd mit dem Gedanken gespielt, den Jungen zu verführen. Doch Jonathan hatte so viel Teilnahmslosigkeit und gleichzeitig Verzweiflung ausgestrahlt, dass sich Lloyd auf Abstand gehalten hatte. Und dabei war es geblieben. Aber er hatte ihn überallhin mitgenommen. Ins Theater, ins Kino, ins Museum. (...) Im Sommer waren sie an die Ostsee gefahren, wo er Schwimmen und Frisbeewerfen gelernt hatte." (S. 235)

Er lädt Pakkutaq ein, bei ihm zu leben. Lloyd ist es auch, der Pakkutaq die Welt der Bildhauerei eröffnet und ihn im Atelier seines Ex-Freundes mit Gesteinen experimentieren lässt.

Will etwas über Jonathans Vergangenheit wissen

Es wird sein Verhängnis, dass ihm Pakkutaq nichts über sich und seine Vergangenheit erzählt. Lloyd leidet darunter und beauftragt schließlich einen Detektiv, ihm Informationen über Jonathans Leben vor ihrer Begegnung zu liefern. Aufgrund des Rechercheergebnisses, das Jonathan Querido mit der Drogenmafia in Verbindung bringt, fürchtet er um sein Leben mit Pakkutaq und um Pakkutaq selbst. Entsprechend entsetzt reagiert er, als ein Fremder bei der Feier zu seinem 50. Geburtstag nach dem Jungen fragt und versucht, in die Wohnung einzudringen: „Er hatte ein Gesicht gemacht, als säße ihm der Teufel im Nacken." (S. 239)

Tötet Pakkutaqs Vater

Dass es sich bei dem Mann um Peter Wildhausen, Pakkutaqs Vater, handelt, kann er nicht wissen. Aus Wut und Angst bringt Lloyd den Mann einen Tag später im Stadtpark um, dem fürchterlichen Irrtum unterliegend, einen Mann aus dem Drogenmilieu vor sich zu haben. Nach seiner Tat flieht Lloyd aus Hamburg. Vorher bringt er seinen Schützling in einer Ausbildungsstätte für Steinmetze unter. Er schafft es, nicht mit dem Mord in Verbindung gebracht zu werden, auch deshalb, weil er von Pakkutaq, der neun Jahre später die Zusammenhänge um den Tod seines Vaters zu ahnen beginnt, gedeckt wird. 2020 lebt Lloyd als erfolgreicher Architekt in Berlin.

Maalia

Schönheit

Die Inuk Maalia arbeitet ebenfalls, wie Pakku, Aqqa und Anga, für Sven Kristiansen als Krabbenpulerin. Dabei ist sie eine der wenigen dort, die keinen Alkohol trinkt. Beschrieben wird sie als „wirklich schön" (S. 92). Sie entwickelt Gefühle für Pakkutaq Wildhausen und versucht ihn bei Nordlicht zielstrebig zu verführen:

> „Es dauerte ein paar Sekunden, bis ich merkte, dass Maalias Hand sich unter meine Jacke und meinen Pullover geschoben hatte, lautlos und unruhig wie das Licht über uns tanzten ihre Finger auf meiner Haut." (S. 57)

In Pakkutaq Wildhausen verliebt

Maalia wird von Pakkutaq abgewiesen und bei einer späteren Verabredung einfach versetzt. Sie scheint ihm das nicht übel zu nehmen, im Gegenteil, in der Nacht seiner Flucht ist sie plötzlich da und hilft bei der Präparation der Kiste, in der Pakkutaq sich an Bord der MS Alaska bringen lassen will. Sie ruiniert für ihn sogar ihren Pullover, mit dem sie Robbenblut aus der Kiste wischt, und rät ihm, das Handy auszustellen, denn „normalerweise haben tote Robben kein Handy" (S. 139). Sie ist es auch, die Pakkutaq Wildhausen prophezeit, dass er nach Grönland zurückkommen wird. Als sie mit dem verzweifelten, seinen Sohn suchenden Peter Wildhausen konfrontiert wird, versucht sie Aqqaluk vergeblich davon zu überzeugen, dass man ihm von der Flucht Pakkutaqs berichten müsse (S. 187).

Inbegriff einer Inuk

Für Pakkutaq ist Maalia der Inbegriff einer Inuk. Nachdem er keine Erinnerung an seine Mutter hat, stellt er sich Evie Kristiansen auf dem Friedhof von Qaanaaq wie Maalia vor:

> „Es war Maalias Gesicht, das er vor sich sah, ihre hohen Wangenknochen, die schwarzen schrägen Augen und ihr hintergründiges Lächeln, das sie ihm in Svens Krabbenschuppen zugeworfen hatte. Waren Maalia und seine Mutter sich ähnlich gewesen?" (S. 253 f.)

Auch Shary erinnert Pakku zuerst einmal an Maalia (S. 9): „Sie war sexy, keine Frage, auch wenn sie nicht sein Typ war. Die Frauen, die ihm spontan gefielen, sahen anders aus: blond, zierlich, mit schmalen Gesichtern und hellen Augen, so als ob er in ihnen das Gegenteil seiner selbst suchte." (S. 21) Und genau dieses Aussehen hält Pakkutaq 2011 davon ab, sich auf Maalia und eine Zukunft in Grönland einzulassen. Er möchte keinesfalls so enden wie sein Vater, der sein Herz an Evie Kristiansen verschenkte und in Grönland unglücklich und krank wurde.

Maalia spricht mit Pakkutaq und räumt bei diesem letzte Vorbehalte aus

Auch Aqqaluk gehört zu Maalias Verehrern, diese heiratet aber Angaju und bekommt mit ihm eine Tochter, Avaaruna. Zusammen mit ihrem Mann arbeitet sie im Traditionsverein in Nuuk, wo sie auch anwesend ist, als Pakku dort auf Anga trifft. Doch Anga, der um die frühere Liebe Maalias zu Pakku weiß, verschweigt ihr, dass Pakku noch am Leben ist. Aber Aqqaluk setzt sie ins Bild und so hat Maalia noch die Gelegenheit, mit Pakkutaq zu reden, bevor dieser wieder an Bord der MS Alaska geht (S. 274). Nach diesem Gespräch mit Maalia ist auch die letzte Hürde für Pakkutaq genommen und er kann Jonathan Querido nun endgültig begraben: Er will Shary alles erzählen und „freute sich auf die Rückreise mit ihr" (S. 275).

Angaju

Verkörpert die Kultur der Inuit

Angaju, von seinen Freunden Anga genannt, ist ebenfalls Inuk und der ältere Bruder Aqqaluks. Mit den Mythen und Traditionen seines Volkes fühlt er sich tief verbunden und erzählt Pakkutaq beispielsweise von den Prophezeiungen der Kalaallit (S. 33). Zwar erscheint Angaju etwas skurril, doch „immerhin schien ihn dieser Glaube davon abzuhalten, sich wie seine jüngeren Brüder mit Bier vollzudröhnen“ (S. 33). Angaju arbeitet als Krabbenpuler für Sven Kristiansen und verschafft auch seinem Bruder Aqqaluk und Pakkutaq dort eine Anstellung. In seiner Freizeit spielt er als Trommler in einer Band, die „grönländische Trommeltänze mit Rap zusammenmixte“ (S. 42). Mit seiner Musik gelingt es ihm, sich aus der trostlosen Realität zu lösen, ohne in Alkohol und Drogen Zuflucht zu suchen. Selbst beim Krabbenpulen flüchtet er in die Welt der Musik.

2011: Trostlose Zukunft der Inuit

Angaju lebt in einem der Wohnblöcke Nuuks. Dort fühlt er sich wie „eingemauert“ (S. 54). Er vermisst das ursprüngliche Leben der Inuit: „Für Anga war das richtige Leben das, was seine Vorfahren geführt hatten, draußen im Eis, wo sie von der Robbenjagd gelebt hatten, seine Großeltern so wie seine Urgroßeltern, und die wie ihre Eltern und deren Eltern.“ (S. 54) Durch den Spott Anderer über seine Einstellung lässt sich Angaju nicht provozieren. Trotz der trostlosen Umstände, unter denen sein Volk lebt, scheint Anga in sich selbst zu ruhen und ist stolz auf seine Wurzeln, wofür er von Pakkutaq bewundert wird.

2020: Anga versucht, Traditionen zu wahren

2020 arbeitet Angaju im Hauptbüro der Grönländischen Traditionsbewegung und ist der Erste, der Pakkutaq Wildhausen erkennt. Angesichts des Totgeglaubten verhält er sich sehr sensibel. Er hat inzwischen Maalia geheiratet und mit ihr eine Tochter, Avaaruna, von der er sehr liebevoll erzählt.

Nebenfiguren:

Spider

Wildhausens Internet-Kontakt

Spider ist 2011 Pakkutaq Wildhausens virtueller Partner beim Online-Backgammon und seine Ablenkung vom trostlosen Alltag in

Grönland. Bei einem der Spiele verabredet er sich mit Pakku auf dem Empire State Building in New York, was für ihn natürlich nur ein Spaß ist (S. 116). Spaß ist für ihn auch die Verabredung mit Pakkutaq im Hamburger Schachcafé (S. 129). Als er von Pakkutaq erfährt, dass dieser tatsächlich in Hamburg ist, wo auch Spider lebt, bricht er den Kontakt ab. Auch Spider gehört mit seinem Verhalten zu den Personen, die Pakkutaqs Erwartungen nicht erfüllen und ihn enttäuschen.

Jonathan Querido

Entdeckt den blinden Passagier Pakkutaq und wird von diesem getötet

Jonathan Querido ist Filipino und im Jahr 2011 wie Pakkutaq Wildhausen 17 Jahre alt (vgl. S. 175). Seine Familie kam zwei Jahre zuvor bei einem Wirbelsturm ums Leben. Er selbst schlug sich nach Manila durch, wo er sein Geld vermutlich als Drogenkurier verdiente. Die Polizei setzte ihn fest, allerdings entkam er aus der Haft und heuerte im Dezember 2010 als Schiffsjunge auf der MS Alaska an. Dort entdeckt er im Frühjahr 2011 den blinden Passagier Pakkutaq Wildhausen. Weil er sich einen Vorteil davon verspricht, will er Pakkutaq beim Kapitän melden: „Aber das ist Chance für *mich*. Wenn ich gute Arbeit mach, krieg ich vielleicht festen Job." (S. 163) Bei dem sich anschließend entwickelnden Kampf wird er von Wildhausen getötet und seine Leiche ins Meer gekippt. Fälschlicherweise wird die Leiche von Peter Wildhausen als Pakkutaq identifiziert und in Nuuk unter dem Namen „Pakkutaq Wildhausen" beigesetzt. 2020 ändert Pakkutaq die Inschrift auf dem Grabstein: „Das Einzige, was er für den fremden Jungen hatte tun können, war, ihm seinen Namen zurückzugeben." (S. 271)

Sven Kristiansen

Fischhändler

Sven Kristiansen verkauft im Auftrag von Royal Greenland in Grönland Garnelen. Daneben widmet er sich aber auch illegaler

Geschäftspraktiken: „Sven verkaufte die frisch gepulten Dinger unter der Hand an die Hotels und Restaurants an der Westküste. Und irgendwie hatte er den Dreh rausgefunden, sie auch auf den Touristenschiffen loszuwerden.“ (S. 40)

Auf seinen eigenen Vorteil bedacht

In Nuuk unterhält Kristiansen einen „Krabbenschuppen“, in dem er die hoffnungslose Jugend Nuuks für sich arbeiten lässt, darunter auch Pakkutaq. Diesen schickt er in Ermangelung eigener Fremdsprachenkenntnisse auf die MS Alaska, um eines seiner illegalen Geschäfte mit dem Küchenmanager des Schiffes, Grönemeyer, abwickeln zu lassen. Damit eröffnet er unbewusst Pakkutaq die Möglichkeit, von Grönland zu flüchten. Nach der vermeintlichen Beisetzung Pakkutaqs erpresst er zusammen mit Aqqaluk Grönemeyer, den er für den Mörder Pakkutaqs hält.

> „Grönemeyer von der Alaska habe den Jungen auf dem Gewissen, er hatte ihn ganz offensichtlich über Bord geworfen. Und dann, noch auf dem Rückweg von der Beerdigung, hatte er ihn in seinen Plan eingeweiht, Grönemeyer büßen zu lassen und gleichzeitig ein wenig zu profitieren von dem Tod des armen Pakku.“ (S. 188)

Erpressungen

Mit dem auf diese Art erworbenen Geld eröffnet Kristiansen mehrere Restaurants. Allerdings wird er dann von Aqqaluk unter Druck gesetzt, der ihn „mit der Erpressung erpresst“ (S. 189). Daraufhin stellt er Aqqa in seinen Restaurants als Kontrolleur an und bezahlt ihn gut.

Gunnar Kleist

Erfolgreicher Geschäftsmann

Gunnar Kleist ist Unternehmer und der Vater von Ingvar Kleist. 2011 gehören ihm „ein paar Privatflugzeuge und ein Hubschrauber, und er und Ingvar bildeten sich eine Menge darauf ein“ (S. 20.) Vor einigen Jahren wollte er zusammen mit Peter Wildhausen ein Reisebüro eröffnen, wobei er sich auf angebliche Kontakte Wildhausens verließ. Diese Kontakte gab es jedoch nicht und Kleist verlor viel Geld. Den Ärger darüber ließ er an Peter Wildhausen aus und auch an seinem Sohn: Pakku hatte er einen Flug zum Inlandeis versprochen, ihn allerdings nach der Pleite mit dem Reisebüro nie mitgenommen.

Informiert Pakkutaq über den Tod seines Vaters

2020 ist Kleist der Besitzer der Firma *Trans Greenland – Grönlands größter Anbieter für Inlandsflüge* (S. 223) in Nanortalik und auch ein Gewinner des Klimawandels und des Touristenbooms. Nach dem vermeintlichen Tod Pakkutaqs finanzierte der wohlhabende Mann Peter Wildhausen den Flug nach Hamburg. Von Kleist erfährt Pakkutaq vom Tod seines Vaters und auch die näheren Umstände.

Ingvar Kleist

Sorgt für die Freizeitgestaltung der Jungs in Nuuk

Ingvar Kleist ist der dümmliche Sohn Gunnar Kleists. Seine Freizeitgestaltung besteht überwiegend aus dem Konsum von Alkohol und Pornos. Er ist arrogant und verspottet Aqqaluk wegen dessen Liebe zur traditionellen Lebensweise der Inuk (S. 79).

Herr Grönemeyer

Grönemeyer ist Küchenmanager auf der MS Alaska, ein „Typ mit Bernhardinergesicht“ (S. 149) und unterhält illegale Geschäftspraktiken mit Sven Kristiansen: „Klar, dieser Küchenmanager steckte sich das Geld, das er sparte, weil er nicht über den offiziellen Weg einkaufte, in die eigene Tasche.“ (S. 101 f.)

Rettet Pakkutaq auf der MS Alaska das Leben

Grönemeyer findet den erstickenden Pakkutaq im Frachtraum der MS Alaska und rettet ihm das Leben. Er erkennt Pakkutaq als Angestellten Sven Kristiansens und spricht Kristiansen auf die Mailbox, dass er Wildhausen auf See über Bord werfen wird. Dies erweist sich als leere Drohung, denn er hilft dem Jungen, sich zu verstecken, und versorgt ihn mit Nahrung, um nicht selbst aufzufliegen. Nach

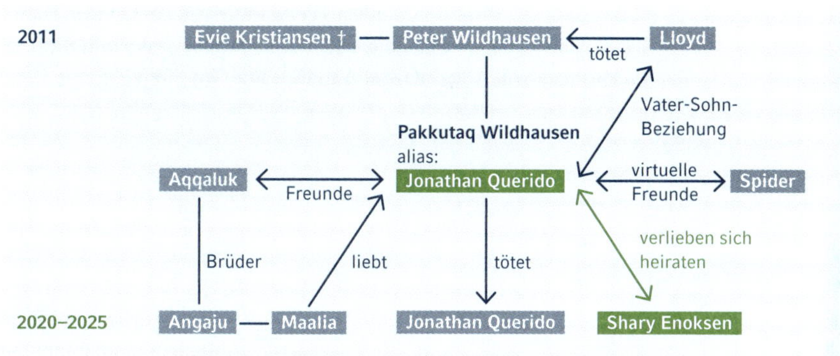

dem vermeintlichen Tod Pakkutaqs wird Grönemeyer von Sven Kristiansen aufgrund des Anrufes für den Mörder Pakkutaqs gehalten und von diesem und Aqqaluk jahrelang erpresst.

Mikael Aariak

Mikael Aariak ist ein Freund Peter Wildhausens und Inuk. 2020 zeigt sein Gesicht deutliche Spuren eines harten Lebens: „Ein Inuit (sic!), seine dunkle Haut war glatt und gleichzeitig von tiefen Furchen durchzogen, wie aufgesprungenes Gestein." (S. 222) Von ihm erfährt Pakkutaq, dass sein Vater nach seiner vermeintlichen Beisetzung sechs Monate in Nanortalik gewohnt hatte. Er ist es auch, der Wildhausen an Gunnar Kleist verweist.

Der Freund von Pakkus Vater lebt in Nanortalik

Weitere Personen:

Pakkutaqs Großmutter, Evie Kristiansen (Pakkutaqs Mutter), Peer (Freund Peter Wildhausens), Fridjof (Kapitän des Frachters *Ivalu*), Signe (Krabbenpulerin und Freundin von Maalia), Jule Kleist (Ingvars Schwester), Manoli und Eleni (Lloyds griechische Nachbarn),

Onkel Georg und Tante Anneliese (Verwandte von Pakkutaq in Hamburg), Ole Olsen (Würstchenverkäufer in Nuuk), Ajako und Kirsten (Verwandte von Aqqaluk und Angaju), Frau im Flugzeug.

3.5 Sachliche und sprachliche Erläuterungen

S. 7	Inuugujoq, kummoor…	dt.: Hallo, guten Morgen…
S. 8	Uteqqissinnaaviuk	dt.: Können Sie das wiederholen?
S. 10	Nuuk	Hauptstadt Grönlands
S. 13	Backgammon	Brettspiel
S. 15	Ketil	Berg im Süden Grönlands
S. 15	Qinguadalen	Naturreservat auf Grönland
S. 16	Dannenberg	Stadt in Niedersachsen
S. 22	Hurrikan	Tropischer Wirbelsturm
S. 33	Kalaallit	Grönländische Untergruppe der Inuit
S. 33	Sedna	Meeresgöttin der Inuit
S. 35	Fjord	Tief ins Landinnere reichender Meeresarm
S. 40	Sermitsiaq	Berg im Südwesten Grönlands
S. 67	Walmart	Amerik. Handelskonzern
S. 96	Kalaallisut	Sprache der Kalaallit, der grönländischen Inuit
S. 103	Gangway	Rollsteg für Flugzeuge und Schiffe
S. 116	Empire State Building	Wolkenkratzer in New York
S. 119	Tupilaq	Geist eines Verstorbenen
S. 119	Serpentin	Gestein
S. 120	Kaffemik	Grönländisch für Café
S. 141	Carlsberg	Dänisches Bier
S. 151	Paamiut	Stadt im Süden Grönlands
S. 152	Qaqortoq	Stadt im Süden Grönlands
S. 152	Nanortalik	Stadt im Süden Grönlands auf der Insel gleichen Namens

S. 153	Aka Høegh	(*1947); bekannte grönländische Künstlerin, die von den Mythen und Sagen der Inuit inspiriert wird
S. 156	Omen	Vorzeichen
S. 163	Kung Fu	Asiatische Kampfsportart
S. 165	Schärenlandschaft	Schären: kleine, der Küste vorgelagerte Felseninseln
S. 176	Loggia	Nach der Außenseite hin offener, überdachter Raum
S. 185	Saibling	Fisch aus der Familie der Lachse
S. 190	Offshore-Bohrung	Küstenferne Bohrung
S. 196	Reeperbahn	Hamburger Vergnügungsviertel
S. 215	Tasermiut-Fjord	Fjord in Nanortalik
S. 220	Rodin	Auguste Rodin (1840–1917): frz. Bildhauer
S. 247	Elbphilharmonie	Seit 2007 im Bau befindliches Konzerthaus im Hamburger Hafen, das aufgrund seiner hohen Kosten und der enormen Bauverzögerungen für Schlagzeilen sorgt(e)
S. 250	Manila	Hauptstadt der Philippinen

3.6 Stil und Sprache

ZUSAMMEN-FASSUNG

Die Erzählersprache ist einfach gehalten. Autorin Cornelia Franz setzt außerdem ein:
- → eine individuell geprägte Figurensprache
- → überwiegend auktoriales Erzählverhalten
- → zahlreiche Motive und ihre Wiederholungen

Einfache Erzählersprache

Die **Sprache von Cornelia Franz ist überaus einfach**, die Sätze sind einfach strukturiert. Der Unterschied zwischen Erzähler- und Figurensprache ist nicht immer offensichtlich. Dies ist die Folge einer geringen Distanz des Erzählers zu seinen Figuren, die der Haltung des Autors entspringt. In einem Interview äußert sich Cornelia Franz in diesem Sinne, indem sie beim Schreibprozess die Identität der jeweiligen Romanfigur annimmt:

> „Ich finde es nicht schwerer, die Stimme eines jungen Mannes zu finden als die eines Kindes oder einer fünfzigjährigen Frau. Für mich ist das Schlüpfen in die Haut eines Anderen eines der wichtigsten Erlebnisse beim Schreiben.“[11]

Figurensprache

Die Figurensprache dient der **Darstellung des Personencharakters** und erschließt sich aus den Dialogen. Außerdem kann aus der Figurensprache das soziale Umfeld der jeweiligen Person abgeleitet werden.

---

11 http://www.dtv-dasjungebuch.de/interview_cornelia_franz_ins_nordlicht_blicken_1472.html

Schiffsjunge Jonathan Querido

In diesem Sinne aufschlussreich ist die Sprache des philippinischen Schiffsjungen **Jonathan Querido**. Er spricht fehlerhaft, was auf eine einfache Herkunft des Jungen schließen lässt: „Aber das ist Chance für *mich*. Wenn ich gute Arbeit mach, krieg ich vielleicht festen Job.“ (S. 163)

Jugendsprache

Die Sprache der übrigen Figuren ist ebenfalls einfach gehalten und entsprechend des jungen Alters der meisten Figuren mit **Ausdrücken der Jugendsprache** durchsetzt. Ein Beispiel ist jenes Zitat, in dem Shary ihre Erleichterung darüber ausdrückt, dass Pakkutaq sie nach einem Arztbesuch in ihre Pension bringen will: „Ich bin froh über jede Minute, die ich hier nicht alleine abhängen muss.“ (S. 76)

Pakkutaq Wildhausen: frustriert

Aus manchen Äußerungen der Figuren spricht **tiefste Frustration** und das Bewusstsein von Ausbeutung, so in jener Erzählsequenz, in der **Pakkutaq Wildhausen** von den Arbeitsbedingungen als Krabbenpuler bei Sven Kristiansen berichtet:

> „Das Einzige, was mich jedes Mal wie am ersten Tag umhaute, war der grässliche Gestank nach Fisch und Schweiß und Alkohol. Natürlich hatte Sven seinen Leuten verboten, bei der Arbeit zu trinken. Aber da er erst wieder am Nachmittag auftauchte, um seine Beute abzuholen, konnte man sich ungestört die Kante geben. Und das taten fast alle, auch die Mädchen. Nur Maalia nicht.“ (S. 41)

Grönemeyer: menschenverachtend

Grönemeyer hat etwas Menschenverachtendes, wenn er auf Svens Mailbox spricht. Zwar rettet er Pakkutaq vor dem Erstickungstod, doch er äußert sich danach so: „Grönemeyer schnappte mir das Handy aus der Hand. ‚Vergiss den Scheißtypen, Sven‘, zischte er. ‚Ich schmeiß ihn über Bord, sowie wir auf See sind, das sag ich dir.‘“ (S. 149) Außerdem bezeichnet er Pakkutaq als „Ratte“ (S. 149). Das macht die Figurenzeichnung glaubhaft für die krummen Geschäfte, in die er verstrickt ist.

Die Sprache des Unternehmers **Gunnar Kleist** ist klar und entschieden, so in jener Situation, in der er Pakkutaq Wildhausen darüber unterrichtet, dass sein Vater nach Hamburg geflogen war, und ihm dann jede weitere Kontaktaufnahme verbietet:

Gunnar Kleist: klar und entschieden

> „Und ich kann dir auch noch verraten, dass ich deinem Vater damals das Flugticket nach Hamburg besorgt habe. (…) Er wollte nicht mehr in Grönland bleiben, das weiß ich. Aber sonst weiß ich nichts über ihn, absolut nichts. Du brauchst mich nicht noch einmal anzurufen, ist das klar?" (S. 264)

Ihm nimmt man mit einer derartigen Sprache den klar strukturierten Geschäftsmann ab, der rational entscheidet und handelt. Und der keinen Widerspruch mehr duldet.

Erzählform und Erzählverhalten

Um einen Roman auch erzähltechnisch verstehen zu können, braucht es Wissen über die **Erzählform und das Erzählverhalten**.

Er-Form und Ich-Form

Bei der **Erzählform** unterscheidet man zwischen Er-Form und Ich-Form. Wie der Name sagt, ist in der Er-Form der Erzähler ein „Er"[12], in der Ich-Form ein „Ich".

Hinsichtlich des **Erzählverhaltens** unterscheidet man folgende Dreier-Typologie:

- **Auktoriales Erzählverhalten**: Der Erzähler gibt sich als eigenständige Instanz zu erkennen. Er kommentiert, reflektiert und urteilt. Auf der Grundlage eines „externen point of view" offenbart er ein umfassendes Wissen über das Erzählte.

Kommentiert und reflektiert

---

12 Oder eine „Sie" oder ein „Es".

Dies schließt die Innensicht, Wissen um Vorgeschichte und zukünftige Entwicklungen ein.

Zitierte Rede, Erzählerbericht

→ **Neutrales Erzählverhalten**: Der Erzähler gibt sich nicht als eigenständige Instanz zu erkennen, sein Verhältnis zum Erzählten ist neutral. Dieses Erzählverhalten neigt zum „externen point of view".

Innerer Monolog

→ **Personales Erzählverhalten**: Der Erzähler nähert sich erkennbar dem Standpunkt der erzählten Figur an. Dies gilt besonders dann, wenn er mit Innensicht erzählt.

Innensicht/ Außensicht

Die **Erzählperspektive** lässt erkennen, ob der Erzähler Fremdpsychisches kennt oder nicht:

→ Verfügt er über fremdpsychisches Wissen, so stellt er die **Figuren mit Innensicht** dar. Innensicht wird durch Signalworte angezeigt, die auf psychische Prozesse schließen lassen.

→ Kennt er nichts Fremdpsychisches, so verfügt er über **Außensicht**.

Distanz oder Nähe zum Erzählten

Der **Erzählerstandort** („*point of view*") bezeichnet den Standort des Erzählers im Verhältnis zu den Figuren und Ereignissen im räumlichen und zeitlichen Sinn. Man unterscheidet zwischen

→ externem *point of view* (Distanz zum Erzählten) und

→ internem *point of view* (Nähe zum Erzählten).

Wendet man diese Untersuchungen nun auf den Roman *Ins Nordlicht blicken* an, sieht man Folgendes:

→ Im Roman wird **sowohl die Er-Form als auch die Ich-Form** eingesetzt.

→ Der Ich-Erzähler erzählt ohne einen zeitlichen Abstand vom Geschehen, **er weiß nicht mehr als der Leser**. Entsprechend verfügt der Ich-Erzähler außer in Bezug auf sich selbst nur über Außensicht. Er nimmt einen internen point of view ein **mit** personalem Erzählverhalten.

Das Erzählverhalten von *Ins Nordlicht blicken* wechselt, wobei **das auktoriale Erzählverhalten überwiegt**. Es erscheint u. a. in den Analepsen (Rückwendungen), in denen der Erzähler dem Leser sein Wissen über Pakkutaq Wildhausen vermittelt.[13] Der Erzähler verfügt also über ein umfassendes Wissen über das Leben seiner Figur(en), was charakteristisch ist für das auktoriale Erzählen. Ein weiterer Hinweis für auktoriales Erzählen ist die Leseransprache, bei der sich der Erzähler direkt an den Leser wendet. Eine klassische Leseransprache ist folgende Sequenz: „Die Geister sind mächtiger, auch wenn du nicht an sie glaubst." (S. 6)

Erzählerberichte und Dialoge

Das **neutrale Erzählverhalten** findet sich verwirklicht im Erzählerbericht und in den Dialogen der Figuren, die ohne Erzähler- oder Figurensichtweise wiedergegeben werden. Als Beispiel ist hier folgende Wechselrede angeführt, die Pakkutaq Wildhausen und Shary Enoksen auf dem Friedhof in Nuuk führen:

> „Du bist nicht das erste Mal in Nuuk, nicht wahr?"
> „Nein, ich habe hier gelebt."
> „Aber du sprichst nicht gerne darüber..."
> „Ich bin hier nicht glücklich gewesen. Ich wollte diese Zeit einfach vergessen."
> „Hast du auch versucht von hier wegzukommen, so wie dieser Junge hier, dein Freund?" (S. 87)

---

13 Dazu siehe Kapitel 3.3, Aufbau.

Darstellung von Pakkutaqs Angst

Personales Erzählen und somit Innensicht finden sich in *Ins Nordlicht blicken* überwiegend in sich auf Pakkutaq beziehendes Erzählen. Dies ist insofern leicht verständlich, als das „Warum" der Romanhandlung nachvollziehbar sein muss. Diese Nachvollziehbarkeit wird durch das **Wissen um die Psyche einer Figur** gewährleistet. In *Ins Nordlicht blicken* soll u. a. die Angst Pakkutaq Wildhausens nachvollziehbar sein. Seine Psyche ist daher von besonderem Interesse und wird durch Innensicht dargestellt. Ein prägnantes Beispiel dafür ist folgendes Zitat:

> „Er hatte versucht, ruhig zu atmen, gleichmäßig und tief, so wie er es vom Judo kannte. Doch die Panik war in ihm angeschwollen. (…) Reiß dich zusammen, hatte er sich gesagt, du hast ein Recht, hier zu sein, Jonathan. Du bist hier vollkommen sicher, du kannst dich frei bewegen, kannst jederzeit aufstehen, atmen, leben." (S. 5 f.)

Innerer Monolog

Ein weiteres erzählerisches Mittel in Verbindung mit personalem Erzählverhalten ist der innere Monolog. Beim inneren Monolog wird ausschließlich der **„point of view" der Figur** abgebildet, es kommt also nur das zum Ausdruck, was die Figur denkt, fühlt oder wahrnimmt. Franz setzt den inneren Monolog sehr sparsam, aber effektiv ein, so in jener Situation, in der Pakkutaq in der Transportbox zu ersticken droht. Die furchtbare Angst Pakkutaqs wird durch die Darstellung durch inneren Monolog sehr plastisch:

> „Ich muss Hilfe holen, irgendjemanden anrufen! Aqqaluk! Aber wie soll Aqqa mir hier raushelfen? Sven! Er muss diesen Grönemeyer anrufen! Svens Nummer, warum passiert nichts, nur die Scheißmailbox springt an. Warum geht er denn nicht ran?" (S. 146 f.)

Themen und Motive

Motive sind die kleinsten Einheiten der Romanhandlung. Franz arbeitet mit zentralen Motiven, die sich wiederholen. Erste Eindrücke, die der Leser bei der Rezeption gewinnt, können sich durch die **Motivwiederholungen** verdichten und so eine erzählte Welt formen. Gleichzeitig sorgen die Motivwiederholungen für die Verbindung der einzelnen Kapitel miteinander, so dass durch diese Art der narrativen Verknüpfung schließlich ein **komplexes erzählerisches Ganzes** entsteht. Beispiele und Effekt der wichtigsten Motive werden im Folgenden dargestellt und erläutert.

Motivwiederholungen dienen der Verknüpfung

MOTIV	ERSTNENNUNG	WIEDERHOLUNG	EFFEKT
Bienen	„Mein Vater wollte, dass ich Bienen züchtete. Ich war siebzehn und ich sollte Imker werden. Auf Grönland... Welche Biene war so verrückt, sich hier niederzulassen?" (S. 15)	„Deine Großmutter hatte Bienenstöcke, hinten im Garten am Bahndamm. (...) Sie hat einen wunderbaren Honig gemacht, ganz mild und weich wie Sahne." (S. 16) „Mann, Pakku! Die Bienen ... hier wird es immer wärmer. Immer grüner. Grünland, kapierst du?" (S. 30); „Da hat es ihm immer am besten gefallen. Bergsteigen und Bienen, weißt du ..." (S. 122); „Ich denke, er ist damals hierhin gegangen; er wollte wirklich mit dieser verrückten Bienenidee loslegen. (...) Weißt du, Pakku, das eigentlich	Das Motiv der Bienen erfüllt hier zwei Funktionen. Einmal zeigt es die klimatischen Veränderungen Grönlands. Das Zitat S. 207 f. steht für die vollzogene Erwärmung Grönlands. Die zweite Funktion des Bienenmotivs ist mit Peter Wildhausen verknüpft. Es steht für den Wunsch nach Aufgehobensein, nach einem Zuhause. Dies erschließt sich besonders aus dem Zitat S. 16: Er verbindet Bienenhaltung mit Heimat. Und er möchte Grönland zu seiner Heimat und zur Heimat seines Sohnes machen.

MOTIV	ERSTNENNUNG	WIEDERHOLUNG	EFFEKT
		Verrückte daran ist, dass es heute gar nicht verrückt war. Echten Grönlandhonig kriegst du heute in Nuuk im Delikatessenladen." (S. 207 f.)	
Stadt	„Irgendwann würde ich woanders leben und dann würde ich es schaffen, meine eigenen Träume zu träumen. Irgendwo, wo es richtige Straßen gab (...). Wo man mit der U-Bahn fahren konnte und durch breite Alleen ging (...). Große Städte, in denen du ewig laufen kannst und niemanden triffst, der deinen Namen kennt." (S. 18)	„Ich wollte nach New York oder nach London oder auch nach Berlin, auf jeden Fall in eine richtige Stadt mit Millionen von Menschen." (S. 116); „Das war es! Die Alaska fuhr nach Hamburg und sie würde ein paar Stunden vor meiner Verabredung mit Spider dort ankommen!" (S. 130); „Ich war in Hamburg in Deutschland, ich war mittendrin." (S. 193); „Ich spürte die große Stadt um mich herum, die Millionen Menschen, die Straßen, die ins Unendliche führten." (S. 194)	Das Motiv der Stadt steht hier für Freiheit und Sehnsuchtsraum. Pakkutaq Wildhausen ersehnt das Leben in der Stadt mit ihrer Mobilität und Vielzahl von Möglichkeiten. Sie bedeutet für ihn ein besseres Leben.

MOTIV	ERSTNENNUNG	WIEDERHOLUNG	EFFEKT
Erlöserkirche	„Wenn Sie jemanden suchen, der hier gelebt hat, sollten Sie im Büro der Traditionsbewegung nachfragen. (…) Es liegt genau gegenüber der Erlöserkirche." (S. 110)	„Er hatte den Stadtplan vor sich ausgebreitet und suchte den Weg zur Erlöserkirche." (S. 118)	Das Motiv der Erlöserkirche ist verknüpft mit der Figur Pakkutaq Wildhausen. Die Kirche steht, wie der Name schon sagt, für Erlösung. Das ist das, was Pakkutaq für sich ersehnt.
Der verlorene Sohn	„Als Erstes musste er zum Haus seines Vaters gehen. Denn nichts war schlimmer als die Vorstellung, ihm plötzlich irgendwo auf der Straße gegenüberzustehen." (S. 66)	„Nie im Leben würde er dem Mut aufbringen, bei seinem Vater aufzutauchen, einfach so." (S. 68); „Wie hatte er es fertiggebracht, seinen Vater so viele Jahre glauben zu lassen, dass er seinen Sohn auf dem Friedhof von Nuuk begraben hatte?" (S. 88); „Er musste wieder zu Pakkutaq Wildhausen werden, er musste seinem Vater die Wahrheit sagen." (S. 89); „Ja, diese ganze verdammte Verlorene-Sohn-Geschichte wäre besser zu ertragen, wenn er seinem Vater nicht allein gegenüberstehen musste." (S. 95);	Das Motiv des verlorenen Sohnes beruht auf einem biblischen Gleichnis. In diesem kehrt ein Sohn nach diversen Verfehlungen reumütig zu seinem Vater zurück. Auch den Vater hatte er verletzend behandelt, doch dieser verzeiht ihm. Das Verhalten der biblischen Figur und Pakkutaq Wildhausen zeigt eine Analogie. Beide haben ihre Väter schlecht behandelt und beide ersehnen sie Vergebung. Die biblische Figur erreicht sie, Pakkutaq Wildhausen ist sie durch den Tod des Vaters nicht vergönnt.

MOTIV	ERSTNENNUNG	WIEDERHOLUNG	EFFEKT
		„‚Anga', sagte er. ‚Ich will zuerst mit meinem Vater sprechen.'" (S. 122); „‚Und vielleicht ist es auch sinnlos, dass ich versuche, meinen Vater zu finden', sagte er." (S. 209); „Dein Vater lebt nicht mehr, Pakkutaq. Er ist schon seit Jahren tot." (S. 226)	
Nordlicht	Titel: *Ins Nordlicht blicken*; „‚Weißt du, dass Kinder, die bei Nordlicht gezeugt werden, besonders intelligent werden?', fragte sie mich." (S. 56)	„‚Klar', antwortete ich. Ich bin auch bei Nordlicht gezeugt worden. Aber ich dachte immer, ihr glaubt, dass bei Nordlicht die Toten mit Walrossschädeln Fußball spielen.'" (S. 56); „‚Siehst du, Pakkutaq', flüsterte sie. ‚Das Nordlicht!' [...]. Der Himmel schimmerte und flackerte grün und gelb, er bauschte sich wie ein seidenes Tuch, er floss über vor Farben, er atmete und lebte und tanzte und leuchtete und mein Herz wurde weit." (S. 57); „Ich wollte nichts von Maalia, keinen Sex, keine Liebe, kein Nordlicht, gar nichts." (S. 58)	Das Nordlicht ist hier als eine Variante des literarischen Symbols „Licht" zu verstehen. In der Literatur steht das Licht für Erkenntnis und Wahrheit. Darauf spielt besonders das Zitat S. 56 an und das Zitat S. 58. Pakkutaq wird klar, dass Maalia von ihm nichts zu erwarten hat.

Stilmittel

STILMITTEL	DEFINITION	TEXTBELEG
Metapher	Mittel des uneigentlichen Sprechens, bildhafter Ausdruck ohne Vergleichspartikel	„‚Wie lange es wohl dauert, bis so ein Eisklotz schmilzt?' fragte Shary schließlich und natürlich wusste Jonathan, dass sie ihn damit meinte." (S. 215)
Imperativ	Befehlsform	„Sieh mich an, du Idiot!" (S. 147)
Vergleich	Anschauliche Verknüpfung zweier Bedeutungsbereiche mittels Vergleichspartikel	„Ein Inuit (sic!), seine dunkle Haut war glatt und gleichzeitig von tiefen Furchen durchzogen, wie aufgesprungenes Gestein." (S. 222)
Dysphemismus	Herabsetzende Umschreibung für ein neutrales oder positives Wort	„Grönland wurde angezapft und ausgesaugt, das war nirgends so deutlich zu erkennen wie von hier oben." (S. 229): Dysphemismen sind hier „angezapft" und „ausgesaugt". Gleichzeitig ist das Zitat auch Beispiel für eine Metapher.
Redensart	Formelhafte Verbindung von Wörtern, die meist als selbstständiger Satz gebraucht wird	„Er hatte ein Gesicht gemacht, als säße ihm der Teufel im Nacken." (S. 239)

3.7 Interpretationsansätze

ZUSAMMENFASSUNG

In diesem Kapitel gehen wir näher auf folgende Interpretationsansätze ein:

→ *Ins Nordlicht blicken* als Porträt Grönlands

→ *Ins Nordlicht blicken* als Entwicklungsroman

Ins Nordlicht blicken als Porträt Grönlands

In ihrem Jugendroman *Ins Nordlicht blicken* zeichnet Cornelia Franz ein Porträt Grönlands kombiniert mit einem **Ausblick auf Zukünftiges**. Dabei zeigt sie ein Bild der sozialen Verhältnisse Grönlands und thematisiert auch die globale Erwärmung mit ihren Folgen für die Menschen.

Darstellung der sozialen Verhältnisse: Frustration junger Menschen

Das Leben der jungen Grönländer ist von Perspektivlosigkeit geprägt. Diese **Perspektivlosigkeit und die damit verbundene Frustration** sind personifiziert in Pakkutaq Wildhausen und seinen Freunden:

> „Ich drehte mich um und erkannte Aqqaluk. Er hatte die gleiche beige Daunenjacke an wie ich, die gleichen Goretexstiefel und die gleichen halblangen, glatten schwarzen Haare. Er sah aus wie ich, und das war eins von den Dingen, die mich so deprimierten. Es gab so viele hier wie mich und so wenige, die ganz anders aussahen. Wir kauften unsere Jeans, unsere Jacken und selbst unsere Unterhosen in denselben Läden, gingen zum selben Friseur, hatten dieselben gelangweilten Gesichter." (S. 19)

Lebensfreude sieht anders aus. Ihre Zeit verbringen die jungen Leute auf eine Art, die zwar die niedersten Instinkte anspricht, alles in allem aber unbefriedigend ist:

> „Auch das war immer das Gleiche. Wir würden ziemlich viel Bier trinken, Pornos im Internet anschauen und noch mehr Bier trinken. Vielleicht auch Wodka, falls Ingvars Vater seinen Schrank nicht abgeschlossen hatte.“ (S. 19)

© Wikipedia

Quelle dieser tiefen Frustration sind u. a. die **veränderten Lebensbedingungen der Menschen** auf Grönland. Franz geht darauf ein, indem sie auf ein Umsiedlungsprojekt der dänischen Regierung verweist, mit dem die Inuit in Ghettos gedrängt wurden:

> „Aqqaluks Vater hatte mir mal erzählt, wie das damals gewesen war, als man seine Familie nach Nuuk umgesiedelt hatte. Die dänische Regierung hatte sich mächtig angestrengt, den verstreut lebenden Inuitfamilien die Segnungen des zwanzigsten Jahrhunderts näherzubringen.“ (S. 55)

Verschwinden der traditionellen Lebensweise

Die Inuit wurden gewissermaßen vom Eis geholt und in Wohnblocks gepfercht. Zwar verfügten sie jetzt über „Heizungen und Klos mit Wasserspülung“ (S. 55), doch sie zahlen für diesen Komfort mit psychischen Problemen. Stellvertretend dafür soll hier Angaju genannt werden, der „sich wirklich fühlt, als wäre er eingemauert in diesen Wohnsilos“ (S. 54). Gegen die **Tristesse** eines solchen Lebens setzt Franz den Bericht über eine Schlittenfahrt Pakkutaqs über das Inlandeis, womit sie die ursprüngliche Lebensweise der Inuit darstellt (S. 80–82). Zugleich thematisiert sie die **globale Erwärmung**, die Grönland zu verändern beginnt und Folgen für die Menschen dort hat:

> „Ich hörte den leisen Gesprächen der Erwachsenen zu, die sich darüber beklagten, dass das Jagen schwerer geworden war, weil sich die Eisbären zurückzogen und weil die Schneemobile auf dem Eis einsanken (…).“ (S. 81)

Die Amerikaner auf Grönland

In ihrem Porträt Grönlands geht Franz auch auf den **Aufenthalt der Amerikaner auf der Insel** ein sowie auf den Absturz eines mit Nuklearwaffen bestückten Bombers 1968.[14] Im 2. Weltkrieg auf die Insel gekommen, richteten die Amerikaner nach dessen Ende mit Thule Air Base einen bei Qaanaaq gelegenen Luftwaffenstützpunkt ein. Für die dort lebenden Menschen bedeutete dies eine knallharte Vertreibung:

> „Bei der Zwangsumsiedlung in den Fünfzigerjahren des letzten Jahrhunderts waren die Inuit wie Schachfiguren hin und her geschoben worden. Hals über Kopf hatten sie ihre Häuser verlassen müssen, um dem Militärflughafen Platz zu machen.“ (S. 240)

Atomunfall und radioaktive Kontamination

Ein weiterer massiver Eingriff in das Leben der Menschen war der **Absturz eines Bombers mit vier Wasserstoffbomben 1968**. Die für die Bergung rekrutierten Grönländer wurden mit Wissen der

---

14 Dazu siehe auch Kapitel 5. Materialien, Grönland.

Amerikaner und der eigenen Regierung radioaktiv kontaminiert. Franz beschreibt die Verhältnisse ungeschönt:

> „Und nach der Atomkatastrophe von 1968 wurden die plutoniumverseuchten Grönländer, die ohne Schutzanzüge den Atommüll für die Amerikaner weggeräumt hatten, lediglich als ärgerlicher Kollateralschaden angesehen.“ (S. 240)

Evie Kristiansen

Was das für jeden Einzelnen von ihnen bedeutete, stellt Cornelia Franz am Beispiel der in Qaanaaq geborenen Evie Kristiansen dar, der Mutter Pakkutaq Wildhausens:

> „Die Erkenntnis, dass seine Mutter ein Teil dieses Kollateralschadens gewesen sein musste, traf Jonathan wie ein Schlag. Sie war am ersten Januar 1968 geboren worden, also wenige Wochen bevor die Atombomben ins Eis stürzten. Deshalb also hatte sein Vater gesagt, dass ihr Leben von Anfang an verkorkst gewesen war.“ (S. 240).

Ausblick: positiver wirtschaftlicher Aufschwung

Alles in allem zeichnet Franz ein krisenhaftes Bild der sozialen Verhältnisse auf Grönland. Den Ausblick auf das zukünftige Grönland (2020/2025) gestaltet Franz dagegen optimistisch. So führt das Verschwinden des Inlandeises zur **Exploration und Förderung von Bodenschätzen**, die den Bewohnern Arbeitsplätze sichert und die Insel ökonomisch stabilisiert. Unzählige Touristen bescheren ebenfalls Arbeitsplätze in diesem wirtschaftlichen Unternehmenszweig (vgl. Gunnar Kleist).

Ins Nordlicht blicken als Entwicklungsroman

Erwachsenwerden als Thema

Ins Nordlicht blicken kann auch als individuelle Geschichte gelesen werden im Sinne eines Entwicklungsromans. Das Konzept des Entwicklungsromans ist eng verwandt mit dem des **Bildungsromans**. Dieses entwickelte sich im ausgehenden 18. Jahrhundert und thematisiert die „‚Bildung' einer Hauptfigur zu einer selbstbestimmten Individualität im Einklang mit seiner (gesellschaftlichen) Umwelt"[15]. Klassische deutsche Bildungsromane sind u. a. *Wilhelm Meisters Lehrjahre* (1795/96) von Johann Wolfgang von Goethe und natürlich *Heinrich von Ofterdingen* (1880) des Frühromantikers Novalis.

Krisenhafte Beziehung zur Welt und Aussöhnung

In einem Entwicklungsroman wird in Ich- oder Er-Form erzählt. Ausgangspunkt der Entwicklung ist ein ausgeprägt kritisch-subjektiver Blick der (meist männlichen) Hauptfigur auf die Welt im Allgemeinen und die persönlichen Lebensumstände im Besonderen. **Diese sind von Unzufriedenheit geprägt.** Dies zeigt sich vor allem dann, wenn die Hauptfigur „mit der Welt, seiner Umwelt, mit dem anderen Geschlecht, mit einem Beruf und/oder mit der Gesellschaft in Beziehung tritt".[16] Dieses In-Beziehung-Treten geht in der Regel mit Ortsveränderungen und dem Kennenlernen neuer Umstände und Situationen einher. Dies wiederum führt zu Krisen, deren Bewältigung die Persönlichkeit der Hauptfigur wachsen bzw. sich entwickeln lässt. Endpunkt der Entwicklung ist eine geglückte Beziehung „von Individuum und Gesellschaft bzw. Welt".[17]

Dieses Konzept kann auf *Ins Nordlicht blicken* angewendet werden. Der männliche Protagonist heißt hier Pakkutaq Wildhausen und erzählt wird interessanterweise in Ich- und Er-Form. Der kri-

---

15 http://www.fernuni-hagen.de/EUROL/termini/9310.htm
16 Ebd.
17 Ebd.

tisch-subjektive Blick Pakkutaq Wildhausens gilt Grönland und seinem Leben. Er hasst die Insel, er hasst sein Leben dort und will nur weg. Wie sehr ihn sein Leben in der Arktis anödet, wird offensichtlich in jener Situation, in der Maalia ihn zu verführen versucht:

> „Ich stieß sie so abrupt von mir, dass sie taumelte, griff nach ihr, um sie festzuhalten, ließ sie wieder los. Ich wollte nichts von Maalia, keinen Sex, keine Liebe, kein Nordlicht, gar nichts. Ich wollte nicht für immer hierbleiben, so wie mein Vater. Ohne ein Wort zu sagen, rannte ich davon." (S. 58)

Pakkutaq macht sich schuldig

Pakkutaq schafft es, Grönland zu verlassen, doch für dieses Vorhaben tötet er und nimmt die Identität des Opfers (Jonathan Querido) an. Er lebt anschließend in Hamburg und ist auf dem Weg, ein anerkannter Bildhauer zu werden. Trotzdem ist er unglücklich. Die Umstände seiner damaligen Flucht aus Grönland haben tiefe Spuren in ihm hinterlassen und machen es ihm unmöglich, eine unbefangene Beziehung zur Welt aufzubauen. Dies zeigt sich besonders bei der Reise nach Grönland, mit der der Roman beginnt und die o. g. Ortsveränderung darstellt. Pakkutaq Wildhausen ist vollkommen verunsichert, er hat Angst vor der Insel und vor den Menschen dort. Sein **krisenhafter Zustand** zeigt sich besonders in der Beziehung zu Shary Enoksen, die er zunächst unfreundlich behandelt, bevor er sich eines Besseren besinnt. Alles in allem verhält sich Pakkutaq Wildhausen wie unter einer ständigen Bedrohung lebend.

Schlüsselsituation

Die alles ändernde Situation ist das Auffinden seines vermeintlichen Grabes auf dem Friedhof von Nuuk:

> „Jonathan fixierte die Buchstaben und Zahlen, aber sie verschwammen ihm hinter einem grauen Schleier. Die Erde beweg-

te sich, kam auf ihn zu. Er kniete auf dem struppigen Heidekraut nieder, um nicht zu stürzen." (S. 86)

Er sieht sich mit seinem Mord konfrontiert, aber vor allem mit seinem grausamen Verhalten gegenüber seinem Vater:

„Wie hatte er es fertiggebracht, seinen Vater so viele Jahre glauben zu lassen, dass er seinen Sohn auf dem Friedhof von Nuuk begraben hatte? All die Zeit hatte er so viel Angst gehabt, die Wahrheit zu sagen, Angst um sich selbst und sein falsches neues Leben." (S. 88)

Aussöhnung mit Vater und Mutter

Etwas bricht in ihm auf und er begibt sich auf die Suche nach seinem Vater, mehr noch, er begibt sich auf die Suche nach seinen Wurzeln. Er besucht das Grab seiner Mutter, für die er sich bisher nicht übermäßig interessiert hatte. An ihrem Grab ist er erstmals **ausgesöhnt mit seiner Herkunft**, wie aus folgendem Zitat hervorgeht: „Er war der Sohn dieser Frau, die die hier begraben lag. Er war Grönländer. Neun Jahre hatte er versucht, das zu vergessen. Aber es war ihm nicht gelungen und das war richtig so." (S. 254)

Pakkutaq schafft es, mit dem gewaltsamen Tod seines Vaters umzugehen und aus der zunächst konfrontativen Begegnung mit seinem besten Freund Aqqaluk nicht zu fliehen, sondern ein versöhnliches Gespräch zu machen, in dem er erstmals **seine Schuld eingesteht**. Schließlich gibt er auch seinen Gefühlen für Shary Enoksen nach und offenbart sich ihr.

Aussöhnung mit der Gesellschaft

Die Aussöhnung mit der Welt findet statt, als Wildhausen sich bei der Polizei anzeigt und eine Strafe für sein Tun antritt. Die geglückte **Rückkehr in die Gesellschaft** vollzieht er durch die Familiengründung zusammen mit Shary. Selbst mit Grönland söhnt er sich aus: „Nichts war mehr übrig geblieben von Pakkus beklem-

Grönland

- ungelöste soziale Probleme
- Land im Umbruch

Ausblick:
neue ökonomische Möglichkeiten

Entwicklung ↓

Pakkutaq Wildhausen

- ungelöste persönliche Probleme
- Persönlichkeit im Umbruch

Ausblick:
stabile persönliche Verhältnisse

Das Prinzip der Entwicklung
verbindet beide Komponenten miteinander

menden Gefühlen und die Vorfreude auf den Urlaub in Grönland kribbelte in ihm hoch." (S. 279)

In einem Interview sagte Cornelia Franz, dass sie Parallelen sieht zwischen der Entwicklung Grönlands und der eines jungen Menschen.[18] Im Text bemerkt Pakkutaq selbst diese Entwicklung an sich: „Und auf einmal hatte er es so satt, alles in sich einzusperren, alles für sich zu behalten, geizig mit der Wahrheit zu sein, vorsichtig und verstockt. Genau wie dieses Land hatte sein Innerstes Risse bekommen und Sharys Fragen bohrten sich hinein und ließen seinen Panzer brüchig werden." (S. 143) (Vgl. auch Prüfungsaufgabe 1)

---

18 http://www.dtv-dasjungebuch.de/interview_cornelia_franz_ins_nordlicht_blicken_1472.html, siehe Kapitel 3.1 Entstehung und Quellen.

4. REZEPTIONSGESCHICHTE

ZUSAMMEN-
FASSUNG

Ins Nordlicht blicken ist von den jungen Lesern und Rezensenten überwiegend positiv aufgenommen worden. Kritiker lobten die Darstellung Grönlands, die lebendige Figurenzeichnung und den ökologische Aspekt des Romans. Einige wenige kritisierten die im Roman präsente Gewalt. Eine literaturwissenschaftliche Auseinandersetzung mit dem Roman erfolgte bisher nicht.

Bisher ist *Ins Nordlicht blicken* nicht Thema literaturwissenschaftlicher Forschung, aber das lesende Publikum nahm den Roman wohlwollend auf. *Ins Nordlicht blicken* wurde in vielen Jugendbuch- und anderen Onlineportalen rezensiert, so in der Nordischen Bücherwelt, wo sich **Angelika Steinhäuser** enthusiastisch äußert:

Spannend und zeitgemäß

„Dieses Jugendbuch ist einfach hervorragend! Da wird eine unwahrscheinlich spannende und mitreißende Geschichte erzählt, man kann das Buch eigentlich gar nicht mehr aus der Hand legen! Man lebt und leidet mit den Hauptpersonen! Und so ganz nebenbei erfährt der junge Leser noch einiges über die Umweltkatastrophen der Zukunft, über das Leben und Schicksal der Grönländer, die ja von dem Klimawandel durchaus auch profitieren können. Absolut empfehlenswert für junge Leute ab 12 Jahren, und zwar Mädchen und auch Jungen!“[19]

---

19 http://www.norwegenportal.de/dnf/index.php/kultur-mainmenu-44/literatur-mainmenu-100/jugendbr-mainmenu-188/1078-ins-nordlicht-blicken.html

Lina Marie Ostertag vom Online-Portal *Die blaue Seite* bewertet den Roman ebenfalls als spannend und interessant strukturiert:

Mitreißend und utopisch

„‚*Ins Nordlicht blicken*' von Cornelia Franz ist ein absolut fesselnder und spannender Roman. Die wechselnden Sprünge zwischen der Gegenwart und der Zukunft machen das Buch zu etwas besonderen [sic!] und den Leser verrückt mit der Frage, worin liegt die Verbindung zwischen den beiden? (...) Man fühlt mit beiden mit und erlebt diese Faszination zwischen wunderbarer Natur, aber auch dem Alltagstrist in Grönland. Und man versteht die beiden Charaktere sehr gut. Ein Roman, der sehr gelungen ist, jedoch mit dem vom Verlag gewählten Begriff Thriller schlecht beschrieben ist."[20]

Gute Figurenzeichnung

Holger Nickel hingegen wirft einen kritischen Blick auf *Ins Nordlicht blicken* und kritisiert den Umgang mit der im Roman vorkommenden massiven Gewalt.

Umgang mit Gewalt

„Ein Buch, das ich in zwei Tagen durchgelesen habe. Erfrischend, dass eine Autorin sich auch mal relativ kurz fassen kann mit weniger als 300 Seiten. Ein gut, wenngleich recht einfach geschriebener Roman. Ein wortkarger „Held", eine traurig-melancholische Atmosphäre. Pakkutaq hat schlichtweg sehr viel Glück im Leben, welches sehr stark porträtiert wird. Allein, dass gleich zwei Morde in einem Jugendroman so lapidar abgearbeitet werden, ist diskussionswürdig."[21]

---

20 http://www.die-blaue-seite.de/2013/05/13/ins-nordlicht-blicken-von-cornelia-franz/
21 http://www.maschseeperlen.de/cornelia-franz-%E2%80%93-ins-nordlicht-blicken.html

Schullektüre und Klima-Tipp-Roman 2013

Nichtsdestotrotz wird *Ins Nordlicht blicken* für pädagogisch wertvoll gehalten, so gehört der Roman zum Lektürekanon der Realschulen. Im Januar 2013 wurde der Roman von der Deutschen Akademie für Kinder- und Jugendliteratur e. V. zum **Klima-Tipp-Roman** ausgewählt.[22]

22 http://www.akademie-kjl.de/133/praemierungen-des-monats/klima-buchtipp/2013-klima-buchtipp/januar-2013/ (abgerufen 21.6.2015)

5. MATERIALIEN

Grönland

Das in der Arktis gelegene Grönland ist die größte Insel der Erde. Sie liegt nordöstlich von Kanada zwischen dem Arktischen und dem Nordatlantischen Ozean und hat ca. 58.000 Einwohner. In der Hauptstadt Nuuk wohnen etwa 16.500 Menschen.

Größte Insel der Erde

Die meisten Menschen leben an der Westküste, Nordgrönland ist fast unbewohnt. Die Küste Grönlands ist von Gebirgen umsäumt, die bis zu 3700 m aufragen. Im Süden finden sich tiefer gelegene, flache Küstenlandschaften mit Seen und Fjorden. Typisch für Grönland ist das mehrere tausend Meter dicke Inlandeis, das als Folge der globalen Erwärmung im Abschmelzen begriffen ist.[23]

Polar geprägte Flora und Fauna

Entsprechend der meteorologischen Bedingungen sind Flora und Fauna polar. Nationalpflanze ist das arktische Weidenröschen, das klassische Tier Grönlands ist der Eisbär. Außerdem gehören zur grönländischen Fauna u. a. der Moschusochse, Rentiere, Polarfuchs und Polarhase sowie eine Reihe von Seevogeln wie Krabbentaucher und Eistaucher und schon heute viele Mücken (vgl. S. 155).

In den Gewässern um Grönland leben zahlreiche Meeressäuger wie Robben und Wale und natürlich Fische. Die Jagd auf diese Tiere und die anschließende Verarbeitung haben industriellen Charakter.

Reiche Rohstoffvorkommen

In geologisch/mineralogischer Hinsicht ist Grönland außergewöhnlich. Östlich der Hauptstadt Nuuk findet sich mit Grönlandit das älteste Gestein der Erde (ca. 3,8 Mrd. Jahre alt). Außerdem besitzt Grönland reiche Rohstoffvorkommen. Neben Erzen wie Uran, Zink, Eisenerz, Kupfer und Gold bergen die Gesteine auch große

---

23 Dazu siehe Kapitel 2.2, Zeitgeschichtlicher Hintergrund.

Mengen der Seltenen Erden wie Lanthan, Cer, Neodym und Yttrium. Diese Elemente sind ihrer chemisch-physikalischen Eigenschaften wegen außerordentlich wichtig für die Hightechindustrie: Man findet sie z. B. in Smartphones und Laptops. Bei fortschreitendem Abschmelzen des Inlandeises wird die Exploration und Förderung zu erwarten sein. Franz entwirft in ihrem Roman ein entsprechendes Szenario:

„Nach und nach gab das abschmelzende Eis riesige Vorkommen an Öl und Erdgas, Gold, Silber und Uran frei und der damit verbundene wirtschaftliche Boom brachte den Grönländern einen zunehmenden Wohlstand." (S. 36)

Erste europäische Besiedlung durch die Wikinger

Entdeckt wurde Grönland um 875 von dem Norweger Gunnbjørn. Die eigentliche europäische Siedlungsgeschichte Grönlands beginnt mit dem Auftauchen des Wikingers Erik des Roten 981/82.[24] Zwanzig Jahre später kam dessen Sohn Leif Eriksson mit einem Missionar nach Grönland, der eine erste Christianisierung des Landes einleitete. Außerdem entwickelten sich Handelsbeziehungen zu Island und Norwegen. Zu Beginn des 15. Jahrhunderts riss der Kontakt zwischen den grönländischen Kolonien und dem Mutterland ab.

Hans Egede: Missionierung der Inuit

Erst zu Beginn des 17. Jahrhunderts initiierte der norwegisch-dänische König Christian IV. drei Grönlandexpeditionen, um wieder Verbindung zu den Kolonien auf Grönland aufzunehmen. Ab 1721 legten dänische Walfänger langfristig Stützpunkte auf Grönland an. Ebenfalls 1721 kam der protestantische Pfarrer Hans Egede nach Grönland und begann mit der Missionierung der Inuit, der Ureinwohner Grönlands. Franz geht auf diese Episode der Siedlungs-

---

24 Er nannte die Insel „grünes Land".

geschichte ein, indem sie das Kind Pakku auf seinem Flug nach Grönland mit einer Frau konfrontiert, die dem Kind von dem Norweger Egede erzählt:

„Die Frau war die Erste gewesen, die mir von Hans Egede erzählt hatte, dem Missionar, über den ich später in der Schule x-mal zu hören bekommen sollte. ‚Stell dir vor', hatte sie gesagt, ‚als der Hans Egede den Eskimos das Vaterunser beibrachte, hat er einfach eine Zeile umgeändert: Unser täglich Seehund gib uns heute – weil die Eskimos doch kein Brot kannten!'" (S. 64)

Politisch Dänemark zugeordnet

Teilten sich bisher Norwegen und Dänemark Grönland gewissermaßen, beanspruchte Dänemark 1921 Grönland für sich. Daraufhin kam es zu Auseinandersetzungen zwischen beiden Ländern. 1933 schließlich kam es zum Schiedsspruch des Ständigen Internationalen Gerichtshofes in Den Haag, nachdem Norwegen seine Ansprüche auf Grönland zugunsten Dänemarks aufgeben musste. Das derzeitige Staatsoberhaupt Grönlands ist die dänische Königin Margrethe II. Entsprechend ist Dänisch neben Kalaallisut die offizielle Landessprache Grönlands.

Die Amerikaner auf Grönland

Im 2. Weltkrieg kamen die Amerikaner nach Grönland. Nach dem Krieg errichteten sie einen bei Qaanaaq gelegenen Luftwaffenstützpunkt (Thule Air Base), was mit Zwangsumsiedlungen der in dieser Region lebenden Menschen verbunden war. Im Januar 1968 kam es zum Absturz eines mit vier Wasserstoffbomben bestückten B-52-Bombers. Drei der vier Bomben konnten geborgen werden, die vierte Bombe nicht. Angeblich wurde sie 1979 in der zwischen Kanada und Grönland liegenden Baffin Bay geborgen, was jedoch bis heute bezweifelt wird. Durch diesen Unfall wurde publik, dass atomares Material auf Grönland existierte und dass der damalige dänische Regierungschef gegenüber den USA eingewilligt hatte, mit Atomwaffen bestückte Bomber grönländisches Territorium überfliegen zu lassen. Auch diesen Unfall mit seiner Vorgeschichte und seine schwerwiegenden Folgen für die betroffenen Menschen hat Franz in ihren Roman aufgenommen:

„Bei der Zwangsumsiedlung in den Fünfzigerjahren des letzten Jahrhunderts waren die Inuit wie Schachfiguren hin und her geschoben worden. Hals über Kopf hatten sie ihre Häuser verlassen müssen, um dem Militärflughafen Platz zu machen. Und nach der Atomkatastrophe von 1968 wurden die plutoniumverseuchten Grönländer, die ohne Schutzanzüge den Atommüll für die Amerikaner weggeräumt hatten, lediglich als ärgerlicher Kollateralschaden angesehen. Das aus dem gefrorenen Boden gestampfte neue Qaanaaq war stets der traurigste Flecken der Insel gewesen. Der Ort mit der höchsten Rate an Mord, Selbstmord und sexuellem Missbrauch." (S. 240)

Soziale Probleme

Das soziale Elend ist ein grundsätzliches Problem Grönlands. Auch das ist Thema im Roman von Cornelia Franz, so in jener Situation, in der Pakkutaq Wildhausen seinen Vater eine Zeitung lesend antrifft:

„Ich musterte ihn kritisch und warf dann einen Blick auf die aufgeschlagene, senfgelb bekleckerte Zeitung. Vielleicht hatten sie mal wieder was darüber geschrieben, dass Grönland eine der höchsten Selbstmordraten der Welt hatte. Selbstmord, Mord, tödliche Unfälle, alles im Überfluss." (S. 51)

Inuit

Inuit (Singular: Inuk) ist der Eigenname für die Menschen der Arktis und bedeutet „Menschen".[25] In Grönland leben ca. 45.000 Inuit, deren Besiedlung der Insel vor ca. 3.000 Jahren begann.

In der Arktis lebende Menschen

Die Inuit koexistierten dort mit den Wikingern, von denen sie das Eisen für Töpfe, Messer und Harpunenspitzen übernahmen, was für sie als von der Jagd lebendes Volk sehr vorteilhaft war. Die Jagd bestimmte auch ihre Lebensweise, sie folgten den jagdbaren Tieren, lebten also nomadisch. Mobil waren sie durch Kajaks und Hundeschlitten.

Naturmythen

Die Kultur der frühen Inuit stand in engem Zusammenhang mit der Natur, an deren Beseeltheit sie glaubten. Entsprechend kreierten sie Mythen und Sagen. Die berühmteste grönländische Sage ist die von Sedna, der Mutter des Meeres, die menschliche Gier tadelt und entsprechendes Fehlverhalten bestraft. Autorin Franz bezieht sich darauf, indem sie Pakku durch den traditionsbewussten Angaju in die Mythen der Inuit im Allgemeinen und in die Sage von Sedna im Besonderen einführen lässt:

„Ich mochte es, wenn Anga vom Glauben und der Weisheit der Inuit erzählt, von Sedna, der Mutter des Meeres zum Beispiel, die in der Tiefe wohnt und die Menschen bestraft, die ihr zu viele Tiere wegnehmen, auch wenn mir vieles seltsam düster vorkam (…)." (S. 33)

---

25 „Eskimo" ist der europäische Ausdruck für die Inuit. Diese Bezeichnung lehnen die Inuit jedoch ab.

Folgen von Handel und Missionierung

Die Nutzung Grönlands durch die norwegisch-dänischen Walfangflotten und die protestantische Missionierung der Inuit durch Hans Egede und sein Gefolge ab 1721 markierte den Beginn einer tiefgreifenden Veränderung im Leben der Inuit und ihrer Kultur. Gewehre, Zucker, Tabak und Alkohol wurden gegen Felle getauscht. Die Inuit gerieten in Abhängigkeit von Tausch und Handel. Viele Inuit arbeiteten auf den Walfangschiffen, Inuit-Frauen verdingten sich als Prostituierte. Das Christentum zwang den Inuit fremde Rechts- und Moralvorstellungen auf.

Einen zweiten Bruch erfuhren die Inuit und ihre Kultur nach dem 2. Weltkrieg. Aus den Nomaden wurden ortsansässig Lebende, die in aus dem Boden gestampften Siedlungen kaserniert wurden, die im Roman als „Wohnsilos" (S. 54) bezeichnet werden. Franz beschreibt die räumlichen Bedingungen in einer solchen Wohnung:

Umsiedlung

„…so ein Leben auf fünfundvierzig Quadratmetern, in einem Haus, in dem jeder Hundertste Bewohner dieses riesigen Landes wohnte, so ein enges, quadratisches, heimatloses Leben." (S. 144 f.)

Der Inuk Angaju, Aqqaluks Bruder, der in einem solchen Bau lebt, fühlt sich, „als wäre er eingemauert in diesen Wohnsilos" (S. 54).

Wegbrechen der Lebensgrundlagen

Schwer getroffen wurden die Inuit, als die Europäische Gemeinschaft 1983 die Einfuhr von Robbenfellen verbot. Naturschutzorganisationen hatten gegen das schockierende Töten der Jungtiere durch kanadische und norwegische Fangflotten protestiert und den Schutz der Robben gefordert. Durch die Entscheidung der EG brach der Markt für Robbenfelle zusammen. Auch die Jagd auf Wale wurde streng reglementiert. Dadurch und durch den Einfuhrstopp der Robbenfelle verloren die Inuit nicht nur die Grundlagen ihrer kulturellen Identität, sondern auch die Grundlage für ihren Lebensunterhalt. Bis heute fehlen berufliche Alternativen, viele Familien leben von staatlicher Unterstützung. Entsprechend trostlos sind die sozialen Verhältnisse, für die hier stellvertretend Alkoholmissbrauch und Suizid genannt werden sollen.

Soziale Folgen

Auf den Alkoholmissbrauch geht Franz mehrfach ein, so ist Pakkutaqs Vater Peter Wildhausen auf Grönland zum Alkoholiker geworden, eine junge Frau erstickt „nach einer Party an ihrem Erbrochenen" (S. 140). Angaju hortet in seinem Büro des Traditionsvereins Wodka, was ihm die besorgte Frage Pakkutaqs einbringt, seit wann er „so etwas" trinke (S. 123). Und in Svens Fischschuppen geht auch nichts ohne Alkohol (S. 41).

Opfer dieser Entwicklung sind auch die Schlittenhunde, die für die Inuit immer sogenannte Nutztiere waren. Sie werden häufig unter den erbärmlichsten Bedingungen gehalten. Sind die Hunde ihrem Besitzer lästig, werden sie bestenfalls erschossen. Seit 2012 ist die Tierschutzorganisation „Robin Hood" auf Grönland aktiv. Sie versucht die Lebensbedingungen der Tiere zu verbessern und gleichzeitig jungen Grönländern eine Aufgabe zu geben.[26]

Polarlicht

Das Polarlicht ist ein außergewöhnliches optisches Phänomen, das an die Polargebiete der Erde gebunden ist, also an die Arktis im Norden und die Antarktis im Süden. Entsprechend wird es Nordlicht bzw. Südlicht genannt.

Leuchten von Sonnenteilchen in der Atmosphäre

Es entsteht durch die Einwirkung des Erdmagnetfeldes auf in das All geschleuderte Sonnenteilchen (Sonnenwind). Diese Teilchen werden vom Magnetfeld der Erde an den Polen eingefangen und tref-

---

26 http://robinhood-tierschutz.at/projekte/gronland/

fen dort auf die oberen Atmosphärenschichten. In diesen Schichten werden sie durch einen Energieaustausch zum Leuchten gebracht. Die dabei entstehenden Farben hängen u.a. von der Höhe ab, in der sich dieser Energieaustausch ereignet. Grünes Licht entsteht durch Sauerstoffatome, die in gut 100 km Höhe angeregt werden, rotes Licht von Sauerstoffatomen in etwa 200 km Höhe. Angeregte Stickstoffatome senden violettes bis blaues Licht aus. Franz beschreibt dieses Phänomen in ihrem Roman und auch dessen Wirkung auf den Betrachter, so in jener Szene in der Pakku auf Maalia trifft:

„‚Siehst du, Pakkutaq', flüsterte sie. ‚Das Nordlicht!' (…) Der Himmel schimmerte und flackerte grün und gelb, er bauschte sich wie ein seidenes Tuch, er floss über vor Farben, er atmete und lebte und tanzte und leuchtete und mein Herz wurde weit." (S. 57)

Äußerungen von Cornelia Franz

In einem Interview äußerte sich die Autorin sowohl über die Auswirkungen der globalen Erwärmung als auch über die Schuld, die ihr Protagonist Pakkutaq Wildhausen auf sich geladen hat. Die von ihr dargestellten Folgen der Erderwärmung hält sie alles in allem für realistisch.

Erderwärmung

„Halten Sie Ihre Zukunftsszenerie (Erderwärmung) für realistisch oder haben Sie bewusst ‚übertrieben'?
Ich halte das, wenn auch nicht in allen Details, für realistisch. Und jede Woche kommen neue Meldungen, die die Szenarien des Buches realistischer erscheinen lassen.

Was glauben Sie: Ist Pakku schuldig/unschuldig?
Pakku ist verantwortlich für Jonathans Tod, also schuldig. Aber irgendwann im Buch sagt er, dass er dem einsamen, unglücklichen Jungen, der er einmal war, seine Schuld vergeben hat. So sehe ich das auch: Es ist eine Schuld, die man vergeben muss. Pakku war auf sich gestellt, seitdem er mit neun Jahren Deutschland verlassen hat, er war überfordert."[27]

Schuldfrage

---

27 http://www.dtv-dasjungebuch.de/interview_cornelia_franz_ins_nordlicht_blicken_1472.html

6. PRÜFUNGSAUFGABEN MIT MUSTERLÖSUNGEN

Die Zahl der Sternchen bezeichnet das Anforderungsniveau der jeweiligen Aufgabe.

Aufgabe 1 ***

Im Roman öffnet sich Pakkutaq Wildhausen langsam. Stellen Sie die einzelnen Schritte unter Verwendung geeigneter Textzitate dar.

Mögliche Lösung:

Ausgangslage ist ein Mord

Im Frühjahr 2011 ist Pakkutaq Wildhausen in einer Nacht- und Nebelaktion auf der MS Alaska von Grönland geflohen. Dabei hat er nicht nur seinen Vater ahnungslos zurückgelassen; schlimmer noch: Auf dem Schiff hat er Jonathan Querido, von dem er entdeckt worden war, totgeschlagen, dessen Leiche ins Meer geworfen und die Identität des Toten angenommen. Die Leiche Queridos wurde entdeckt und von Peter Wildhausen als Pakkutaq Wildhausen identifiziert. Die Leiche Jonathan Queridos ist als Pakkutaq Wildhausen beigesetzt worden. Pakkutaq Wildhausen wird in Nuuk also für tot gehalten.

Entscheidung zur Reise

Im Sommer 2020 reist Pakkutaq Wildhausen auf jener MS Alaska nach Grönland. Er ist geplagt von der Erinnerung an die Geschehnisse auf dem Schiff und verhält sich wie ein Verbrecher, stets die Entdeckung fürchtend. Selbst fremden Menschen gegenüber ist er darauf bedacht, seine Herkunft und wahre Identität zu verbergen, so lügt er Shary Enoksen bei der ersten Begegnung an: „Ich kann nur ein paar Brocken Grönländisch." (S. 9) Trotzdem will er sich konfrontieren und sich der Vergangenheit stellen:

„Als er sich zu dieser Reise entschlossen hatte, hatte er den ersten Schritt gemacht, ohne sich darüber im Klaren zu sein, welchen Weg er damit einschlug. Er war einfach losgegangen, weil es offenbar so sein sollte. Aber jetzt gab es kein Zurück mehr und auch Stehenbleiben ging nicht." (S. 11)

Allerdings hadert er, einmal in Nuuk, mit seinem Entschluss, wie aus folgendem Zitat hervorgeht:

Bereut die Entscheidung

„Das alles, die ganze Reise, war eine völlig absurde Aktion gewesen. (…) Nie im Leben würde er den Mut aufbringen, bei seinem Vater aufzutauchen, einfach so. Hallo, hier bin ich. Gibt's was Neues? So, als wäre nichts gewesen. Wieso nur hatte er sich nicht vorher überlegt, was er sagen sollte?" (S. 68)

Entdeckt sein Grab auf dem Friedhof von Nuuk

Dann macht er eine Entdeckung, die er nicht erwartet hatte, nämlich sein Grab auf dem Friedhof von Nuuk (S. 85). Pakkutaq wird klar, dass seine Geschichte nun eine andere Dimension angenommen hat. War er vorher nur der verlorene Sohn, so ist er in den Augen seiner Freunde und seines Vaters tot. Ihm wird klar, was das für seinen Vater bedeuten muss: „Wie hatte er es fertiggebracht, seinen Vater so viele Jahre glauben zu lassen, dass er seinen Sohn auf dem Friedhof von Nuuk begraben hatte?" (S. 88) Aus diesem Entsetzen entsteht der Wunsch, seine alte Identität anzunehmen und seinen Vater von seinem Kummer zu erlösen: „Er musste wieder zu Pakkutaq Wildhausen werden, er musste seinem Vater die Wahrheit sagen. Er musste die richtigen Worte dafür finden und die Konsequenzen tragen. Er hatte gar keine Wahl." (S. 89)

Zögern und Zaudern

Auf der Suche nach seinem Vater muss er, will er erfolgreich sein, seinen Freunden in Nuuk von seinem Mord an Querido erzählen. Shary, die er nicht verlieren will, muss er über seine eigentliche Identität aufklären und den Mord an dem philippinischen Schiffsjungen beichten. Dies überfordert ihn zunächst noch, so weicht er direkten Fragen Sharys weiter aus:

„‚Was ist eigentlich los? Was ist mit deinem Vater?' Statt einer Antwort stand Jonathan auf. ‚Komm. Ich bring dich zur Pension', sagte er, ohne Shary anzusehen. Plötzlich waren ihm diese Frau, ihr forschender Blick und ihre ewigen Fragen ein gewaltiges Stück zu nahe." (S. 110)

Ihre „ewigen Fragen" lassen ihn aber das eigene Bedürfnis klar werden, sich zu öffnen und die Wahrheit nicht mehr zu verstecken:

„Und auf einmal hatte er es so satt, alles in sich einzusperren, alles für sich zu behalten, geizig mit der Wahrheit zu sein, vorsichtig und verstockt. Genau wie dieses Land hatte sein Innerstes Risse bekommen und Sharys Fragen bohrten sich hinein und ließen seinen Panzer brüchig werden." (S. 143)

Konfrontation mit Angaju und Aqqaluk

Dies gibt ihm die Kraft, sich der Begegnung mit seinem Freund Angaju zu stellen (S. 119 ff.) und schließlich dessen Bruder Aqqaluk, seinem besten Freund. Ihm erzählt er auch von den Geschehnissen auf der MS Alaska im Frühjahr 2011, die er Angaju noch verschwiegen hatte. Dabei ist ihm klar, dass die Begegnung mit Aqqaluk von existenzieller Bedeutung ist:

„Dies hier war seine letzte Chance, ehrlich zu Aqqaluk zu sein. Wenn er diesen Moment verstreichen ließ, würde er es niemals schaffen, ihm zu erzählen, was damals passiert war. Aqqaluk nicht, Shary nicht und auch nicht seinem Vater, wenn er ihn denn fand." (S. 181)

Gunnar Kleist

Das Gespräch mit Aqqaluk gibt Pakkutaq Wildhausen die Kraft, sich bei Gunnar Kleist selbstbewusst zu erkennen zu geben. Zunächst glaubt Kleist ihm nicht und verweist auf das Grab in Nuuk. Wildhausen klärt ihn auf, wobei er eine für ihn sehr wichtige Erfahrung macht: „,Das war ein Irrtum. Ich bin Pakkutaq Wildhausen.' Jonathan hörte sich selbst zu, wie er diese vier Worte aussprach. Sie fühlten sich richtig und falsch zugleich an." (S. 225)

Erzählt Shary die Wahrheit und stellt sich

Nun ist es von den ihm wichtigen Menschen nur noch Shary Enoksen, die weder seine wahre Identität kennt, noch von den Geschehnissen auf der MS Alaska weiß. Auch ihr öffnet er sich. Auf der Rückreise nach Hamburg, ehe er sich auch den Behörden stellt, erzählt er ihr schließlich seine Geschichte (S. 275). Vorher vollzieht er eine symbolische Handlung und versieht den Stein auf dem Grab Jonathan Queridos mit dessen Namen (S. 270 f.).

Aufgabe 2 ***

Zeigen Sie die Bedeutung Shary Enoksens für Pakkutaq Wildhausen. Belegen Sie Ihre Ausführungen mit geeigneten Textzitaten.

Mögliche Lösung:

Befreien aus der Lebenslüge

Shary Enoksen ist der Mensch, der Pakkutaq Wildhausen von der Last seiner Lebenslüge erlöst und ihm in ein unbelastetes Leben hilft. Sie tut dies durch ihre hartnäckigen Fragen und ihre Zuneigung, die sie ihm entgegenbringt. Dies ermutigt Pakkutaq Wildhausen nach langem innerem Ringen, sich ihr zu öffnen.

Unverblümtes Interesse

Zu Beginn ihrer Bekanntschaft wirkt Shary Enoksen irritierend auf Pakkutaq Wildhausen. Dieser versucht, sie zu meiden, doch mit Charme und Hartnäckigkeit unterläuft sie seine Versuche, sich ihr zu entziehen. So auch bei ihrem ersten Frühstück an Bord: „Sie stellte ihr Tablett auf seinen Tisch, zog sich einen Stuhl heran und setzte sich schon, während sie noch ‚Darf ich?' fragte." (S. 21) Außerdem macht sie ihm unmissverständlich klar, dass sie an ihm interessiert ist. „Jetzt sah sie ihn mit aufreizender Offenheit an. ‚Ich weiß nicht … Es könnte ganz reizvoll sein, ein bisschen Verwirrung zu stiften, Jonathan Querido.'" (S. 25)

Schlüsselszene auf dem Friedhof

Ihre Bekanntschaft wird langsam eine Freundschaft, in deren Verlauf Shary Pakkutaq mit Fragen konfrontiert, die ihn zwingen, Stellung zu beziehen. Auf dem Friedhof von Nuuk kommt es zu einer Schlüsselsituation. Pakkutaq Wildhausen entdeckt voller Entsetzen sein vermeintliches Grab. Shary Enoksen ist bei ihm, fängt den ersten Schock auf und bewirkt durch ihre direkten Fragen ein erstes, zaghaftes Öffnen Wildhausens:

„Du bist nicht das erste Mal in Nuuk, nicht wahr?"
„Nein, ich hab hier gelebt."
„Aber du sprichst nicht gerne darüber…"
„Ich bin hier nicht glücklich gewesen. Ich wollte diese Zeit einfach vergessen." (S. 87)

Sharys Empathie lässt ihm bewusst werden, was er seinem Vater zugemutet hat. Und diese Erkenntnis bedrückt Pakkutaq sehr: „Als sie weitergingen und den Friedhof hinter sich ließen, nahm Shary wie selbstverständlich Jonathans Hand. Jonathan spürte ihr Mitleid und er konnte es kaum ertragen, weil er es nicht verdient hatte. Wie hatte er es fertiggebracht, seinen Vater so viele Jahre glauben zu lassen, dass er seinen Sohn auf dem Friedhof von Nuuk begraben hatte? All die Zeit hatte er so viel Angst gehabt, die Wahrheit zu sagen, Angst um sich selbst und sein falsches neues Leben." (S. 88)

Direkte Fragen: Shary löst in ihm den Wunsch aus, sich zu öffnen

Sharys Mitgefühl tut Pakkutaq gut und weicht seine innere Verhärtung auf. Dies gibt ihm die Energie, sich seinen inneren Dämonen zu stellen. Dieser Prozess wird durch die Fragen Sharys in Gang gehalten: Das Wechselspiel von persönlichen Fragen und unverhohlener Zuneigung lassen Pakkutaq langsam Vertrauen fassen und lösen in ihm den Wunsch aus, ihr von seinem Leben zu erzählen: „Und auf einmal hatte er es so satt, alles in sich einzusperren, alles für sich zu behalten, geizig mit der Wahrheit zu sein, vorsichtig und verstockt. Genau wie dieses Land hatte sein Innerstes Risse bekommen und Sharys Fragen bohrten sich hinein und ließen seinen Panzer brüchig werden." (S. 143) Ihre Eigenschaften machen schließlich, dass er sich in sie verliebt:

„Shary war wunderbar. Sie war schön und aufregend und warmherzig. Er brauchte nur für eine halbe Stunde ohne sie zu sein, dann vermisste er sie, ihre unverstellte Fröhlichkeit, ihre Offenheit und Neugier, die Berührung ihres Körpers, wenn sie sich bei ihm einhakte, ihre Nähe, ihren Geruch, ihr Lachen, das Schimmern ihrer schwarzen Augen, einfach alles." (S. 213)

Shary unterstützt Pakkutaqs Interesse für seine Mutter

Sharys Zuneigung lässt in Pakkutaq den Wunsch entstehen, mehr über sich selbst wissen zu wollen, um ihr ebenso offen begegnen zu können wie sie ihm. Teil dieses Wunsches ist es, mehr über seine tote Mutter erfahren zu wollen. Auch hier spielt Shary eine wichtige Rolle, denn sie erinnert ihn an seine Mutter. Durch ihr Aussehen und ihr Verhalten gibt Shary Enoksen Evie Kristiansen, die bisher für Pakkutaq eher abstrakt war, ein Gesicht: „Als Jonathan Shary neben dem jungen Jeepfahrer sitzen sah, das runde Gesicht gerötet von Wind und Kälte, die schwarzen Augen nur als Schlitze zu sehen,

(…) wurde er von einer Wehmut durchströmt, die ihm die Kehle eng werden ließ. Er wusste, dass dieses Gefühl etwas mit seiner Mutter zu tun hatte, mit der Ahnung, dass auch sie solche Momente erlebt haben musste, damals, als sie hier in Qaanaaq ein Kind gewesen war." (S. 246)

Shary ist immer für Pakkutaq da

Shary begleitet ihn, als Pakkutaq das Grab seiner Mutter aufsucht („Als er Shary erzählt hatte, dass er nach dem Grab seiner Mutter suchen wollte, hatte sie unbedingt mitgewollt, obwohl ihr der Fuß wehtat." S. 252). Sie ist bei ihm, als er die Information über die Todesumstände seines Vaters bekommt: „Er sah zu Shary hinüber, die einen Meter von ihm entfernt stand, um ihn ungestört lesen zu lassen. Sie erwiderte seinen Blick, und die Anteilnahme und Wärme in ihren Augen erschienen ihm in diesem Moment als das einzig Reale in diesem Leben." (S. 263) In für ihn existenziellen Situationen ist Shary Enoksen für Pakkutaq da. Sie verhält sich selbstlos und schafft es – ohne ihn zu drängen –, dass er ihr schließlich seine Geschichte erzählt (S. 275) und so einen Selbstreinigungsprozess durchführt. In dessen Verlauf vergibt Pakkutaq sich selbst und findet den Mut, sich einem juristischen Verfahren zu unterziehen (S. 277).

Wie wichtig Shary Enoksen für Pakkutaq Wildhausen war und ist, erschließt sich aus dem kurzen Dialog zwischen beiden kurz vor ihrer Abreise: „‚Wie gut, dass du dir den Fuß verstaucht hast', sagte er und legte den Arm um Shary. ‚Na, vielen Dank.' ‚Wer weiß, was sonst …'" (S. 270 f.)

Aufgabe 3 ***

Cornelia Franz thematisiert in ihrem Roman den Klimawandel. Zeigen Sie anhand geeigneter Textzitate, wie sie das veränderte Klima beschreibt.

Mögliche Lösung:

Massive Stürme

In ihrem Roman *Ins Nordlicht blicken* beschreibt Cornelia Franz den Klimawandel als lokales und globales Phänomen. Der Klimawandel als globales Phänomen begegnet dem Leser in gleich drei Untergangsszenarien: der Zerstörung Kubas durch einen Hurrikan (S. 22), der Heimsuchung der Philippinen durch einen Taifun 2009 (S. 249) und schließlich dem Untergang von Millionenstädten in Südostasien und von New York 2019, verursacht durch den Hurrikan Laura. „Als dann, am 26. September 2019, der Wirbelsturm mit unerwarteter Wucht auf Manhattan traf und die Insel innerhalb von Stunden in den Fluten versank, sodass nur noch die Wolkenkratzer aus dem Wasser ragten, hatte die Welt den Atem angehalten." (S. 23) Geowissenschaftliche Forschungen haben einen Zusammenhang zwischen Erderwärmung und schweren Stürmen darstellen können. Die hier geschilderten Szenarien sind also durchaus realistisch.

Klimawandel als lokales Phänomen beschreibt Franz am Beispiel Grönlands. Im Frühjahr 2011 tobt ein Schneesturm durch Nuuk (S. 12) und es scheint sich nichts geändert zu haben. Als Peter Wildhausen seinem Sohn eröffnet, dass er Bienen halten soll, kann dieser nur mit dem Kopf schütteln angesichts seines „durchgeknallten" (S. 15) Vaters: „Welche Biene war so verrückt, sich hier niederzulassen? Mehr als drei Viertel des Landes liegen unter Eis begraben und noch im August wird es in Nuuk kaum wärmer als 15 Grad." (S. 15) Auch Peter Wildhausens Freund Mikael Ariak beschreibt Grönland als Ort, wo „die Eisbären auf dem Treibeis vom Polarmeer vorbeischipperten" (S. 17).

Klimawandel auf Grönland

Ein anderer Freund Wildhausens mit Namen Peer ist da schon informierter. Er klärt Peter Wildhausen darüber auf, dass das Inlandeis schmelzen wird: „Peer hat gesagt, dass es in zehn Jahren im Sommer kein Eis mehr geben wird." (S. 29) Peer erzählt Pakkutaqs Vater auch, dass das Eis schneller als erwartet schmilzt (S. 30). Diese Aussage Peers ist keine Fiktion, sondern entspricht aktuellen Forschungsergebnissen.[28]

Eisschmelze und Bienenzucht

2020 bietet sich Pakkutaq Wildhausen als Passagier der MS Alaska folgendes Bild: „Die grüngraue Küste Grönlands schimmerte über dem Meer in der Sonne (...). Aus der felsigen Landschaft ragten schneebedeckte Berge in den Himmel; sie erinnerten daran, dass die Südhälfte der Insel früher auch im Sommer eisbedeckt gewesen war. Doch mittlerweile zog sich ab Juli das Eis weit von den Küsten zurück. Der eisige Panzer, der jahrtausendelang viel zu dick gewesen war, um zu schmelzen, hielt den ständig steigenden Temperaturen nicht mehr stand." (S. 35) Aufgrund der wärmeren Temperaturen gibt es auf Grönland von Cornelia Franz im Jahr 2020 nun tatsächlich auch Bienenzucht und Honig (S. 155).

Gebäudeschäden durch Erdbewegungen

Außerdem verweist Cornelia Franz auf das geotektonische[29] Phänomen, dass Grönland durch den Verlust des Eises aus dem Meer emporsteigt, indem sie Shary folgende Worte in den Mund legt: „Die Insel steigt langsam, aber sicher aus dem Meer auf, weil die Eismassen nicht mehr so ein Gewicht haben." (S. 37) Folgen dieser Erdbewegungen sind Gebäudeschäden. Auch darauf verweist Franz, als sie einen Portier Pakkutaq Wildhausen das Verschwinden

---

28 2011 konnte eine amerikanische Forschergruppe in einer Studie nachweisen, dass der polare Eisschild immer schneller schrumpft. Zum Klimawandel auf Grönland vgl. auch http://www.3sat.de/page/?source=/nano/news/64723/index.html

29 Geotektonik: Lehre vom Aufbau und der Entwicklung der Erdkruste.

eines Wohnblocks erklären lässt: „‚Sie haben Risse bekommen, weil sich das Land bewegt hat', war die Antwort des Portiers gewesen, als er ihn nach den verschwundenen Blocks gefragt hatte." (S. 59)

In Grönland wird es wärmer. Korrespondierend dazu beschreibt Franz ein eisfreies Meer. „Damals, als er mit seinem Vater unterwegs gewesen war, hatte es Heerscharen von Eisschollen gegeben, die der Polarstrom die Küste entlanggetrieben hatte. Aber heute war das Meer eisfrei." (S. 165)

Auseinanderbrechen der Gletscher

Sehr eindrücklich schildert Franz ein für die globale Erwärmung typisches Phänomen, das Auseinanderbrechen der Gletscher. Im nordgrönländischen Qaanaaq werden Shary und Pakkutaq 2020 Zeugen dieses Vorgangs: „Der Gletscher bebte, als würde er von einer ungeheuerlichen Gewalt geschoben werden, deren Druck er unter Qualen nachgab. In das Krachen der zersplitternden Kluft mischte sich ein Quietschen und Klagen wie von tausend Tonnen Kreide, die über eine Tafel gezogen wurden. Haushohe, grünlich schimmernde Brocken stürzten sich in das Meer aus Eisschollen, als könnten sie ihren unausweichlichen Untergang nicht erwarten. Donnernd fielen sie hinab und wühlten das Wasser auf." (S. 244) 2025 schließlich blickt Pakkutaq Wildhausen von der MS Alaska auf „die olivgrüne Küste Grönlands" (S. 279).

LITERATUR

Zitierte Ausgabe:

Franz, Cornelia: *Ins Nordlicht blicken*. München: Deutscher Taschenbuch Verlag, 2014.

Biografisches:

http://www.corneliafranz.de (abgerufen am 04.04.2015)
→ Homepage der Autorin

www.die-blaue-seite.de/2013/08/16/interview-mit-cornelia-franz (abgerufen am 08.02.2015)
→ Interview von 2013, in dem Franz Biografisches äußert

Zu *Ins Nordlicht blicken*:

Dengel, Dorothee (dtv junior): http://www.dtv-dasjungebuch.de/interview_cornelia_franz_ins_nordlicht_blicken_1472.html (abgerufen am 08.02.2015) → Interview mit Cornelia Franz

Nickel, Holger: http://www.maschseeperlen.de/cornelia-franz-%E2%80%93-ins-nordlicht-blicken.html (abgerufen am 08.02.2015)

Steinhäuser, Angelika: http://www.norwegenportal.de/dnf/index.php/kultur-mainmenu-44/literatur-mainmenu-100/jugendbr-mainmenu-188/1078-ins-nordlicht-blicken.html (abgerufen am 08.02.2015)

Zu Grönland, Inuit und Klima:

http://www.greenland.com/de/rund-um-groenland/kultur-seele/groenlaendische-geschichte/mythen-und-sagen-aus-groenland (abgerufen am 25.01.2015) → Interessante Seite, die umfangreiche Informationen über Grönland liefert

http://www.gfbv.de/inhaltsDok.php?id=415 (abgerufen am 25.01.2015) → Seite der Gesellschaft für bedrohte Völker
http://www.welt.de/wissenschaft/umwelt/article12751522/Ausmass-der-Inlandeis-Schmelze-bisher-unterschaetzt.html (abgerufen am 14.03.2015) → Informationen über das Abschmelzen des arktischen Inlandeises
http://www.3sat.de/page/?source=/nano/news/64723/index.html (abgerufen 23.6.2015) → Eisschild in Grönland 2015

STICHWORTVERZEICHNIS